위스키 위스키

간판이 없는 바의 새벽

KB153491

위스키 위스키
간판이 없는 바의 새벽

서홍주

PRACTICAL PRESS

차례

작가의 말 ——— 8

간판이 없는 바 ——— 11

K의 스프링뱅크 10년 ——— 25

라프로익이 들어간 칵테일 ——— 35

편수와 오큰토션 ——— 43

테이스팅 노트 ——— 53

얼음의 역할 ——— 65

초콜릿과 위스키 ——— 73

뜨거운 칵테일 ——— 81

아사쿠사의 별 ——— 89

김렛 ——— 99

세 잔의 룰 ——— 107

아이리쉬, 아이리쉬 ——— 119

비 오는 나카스 강변 ——— 129

각자의 매력 ——— 137

Speak-easy ——— 145

쇼콜라 팝업 ——— 155

돈가스와 CC쿨러 ——— 163

새벽 ——— 171

Angel's Share ——— 177

위스키, 위스키 ——— 185

에필로그 ——— 191

잔에 따라 다른 칵테일들 ——— 197

위스키 테이스팅 노트 용어설명 ——— 219

현대인들이 삶에 지쳐 외로워서 모이게 되는 바. 게일어로 '생명의 물'이라는 뜻을 가진 위스키. 그 한 방울이 코 끝을 자극하고, 혀끝을 지나 목젖으로 넘어갈 때 내가 살아있다고 느낀다. 말하지 않아도 나를 이해해 줄 수 있는 위스키, 그리고 이 책을 추천한다.

그라더스(grds) 디렉터 박유진

간판이 없는 단골 바에 초대받은 기분으로 위스키를 곁들여 서홍주의 글을 읽는다. 에피소드가 열리고 닫힐 때마다 온더락 잔을 빙글 돌리면, 얼음이 달그락거리고 코끝에 새벽어스름 향이 감돈다. 그의 문장은 온더락 얼음의 표면처럼 차분히 빛난다. 덕분에 이야기는 목 넘김이 부드럽다. 은은한 대화들이 차가운 공허를 희석시킨다. 소설처럼, 사람들은 간판이 없는 바로 모인다. 눈빛과 향이 오간다. 술잔과 귀를 기울인다. 한동안 그의 새벽을 채우던 바는 시간 속으로 증발해 버린 듯하다. 하지만 이유 없는 증발 따윈 없다고 그가 썼듯이 그의 새벽은 한층 더 부드러워졌을 거라고 믿는다. 그가 마련한 새벽 풍경으로 사람과 이야기가 모인다. 나도 함께 잔을 마주하고 싶어졌다.

작가 최유수

술과 전혀 관련이 없는 직종에 근무하던 내가 술을 마시기 위해 첫 방문을 한 그곳. '**간판이 없는 바**'의 나무틀 창문은 눈앞에 놓인 어떤 술보다 나를 편안하게 해주었다. 자리에 앉아 술을 권유받던 그곳에서 직원이 되어 5년여의 세월을 보냈다. 수많은 사람과 수없이 많은 새벽을 맞이하며, 그들이 가진 이야기와 함께 어울렸다. 다양한 이야기들이 정제되고 각색되어 나와 그들이 쥔 술잔을 통과했다.

'바'라는 공간에 혼자 다가가고 싶은 사람들이 이 이야기를 통해 좀 더 편안한 마음으로 어느 곳이든 향하길 바란다. 이름조차 읽기 어려운 위스키와 칵테일들은 바에서 즐기는 하나의 수단일 뿐이다. 주류를 가이드해 줄 바텐더는 많다. 그중 본인의 어느 한구석이 편안한 바와 사람, 그리고 그들과 함께할 새벽을 찾길 바란다.

2021년 겨울

서홍주

간판이 없는 바

가을 햇빛의 끄트머리가 연남동 공원 끝 철조물에 닿았다. 가을인 듯 아닌 듯한 2014년 9월 28일. 나는 작은 바에 첫 출근을 했다. 사수 바텐더의 지시에 따라 바닥을 쓸고 반짝이고 출렁이는 기물들 사이로 하루 사이 다녀간 먼지들을 제거했다.

그다음에는 말린 리넨과 수건을 걷었다. 물기가 바싹 마른 천들은 구워진 생선포처럼 딱딱했고 섬유유연제 향이 가득했다. 청소와 함께 기본적으로 영업을 준비하는 건 어려워 보이지 않았다.

사수는 칵테일 제조를 위한 밑 작업에 한창이었다. 레몬과 라임즙을 부드럽게 짜내고 표피는 얇게 포를 떠 알맞은 모양으로 차곡차곡 쌓아냈다.

"석주 씨, 혹시 칼질 잘해요?"

"네? 아뇨, 칼질은 집에서 라면 먹을 때 파나 양파 썰어 넣는 정도인데."

"그 정도면 괜찮아요. 차차 익숙해질 거예요."

사수는 냉장고에서 레몬 몇 개와 라임 몇 개를 꺼내 깔끔히 씻고 도마와 칼, 스퀴저, 스트레이너, 은색 티스푼을 꺼냈다.

"자, 이제 잘 봐요. 오픈하자마자 그날 칵테일에 쓸 레몬즙과 라임즙을 미리 만들어 놓아요. 자, 이렇게 레몬의 반을 가르고. 가운데 흰 부분 있죠? 이걸 살짝 도려내야 해요. 이것까지 힘을 줘서 짜면 쓴맛이 많이 나오거든요. 그리고 스퀴저 뾰족한 부분에 둥글게 돌려가면서 즙을 짜는 거예요. 쉽죠. 한번 해볼래요?"

즙을 짜내는 건 어렵지 않았다. 다만 이렇게 부드럽게 즙을 짜내면 로스가 많지 않을까 하는 생각이 들었다. 전에 근무하던 가게에서 레몬을 압착식 스퀴저로 짜던 일을 생각하면 꽤 섬세한 작업이었다.

"응, 시간이 걸리더라도 이렇게 세심하게 짜내는 게 중요해요. 라임도 마찬가지구요. 자, 이제 보기보다 어려운 작업을 할 거예요. 다 짜고 남은 이 껍질 있죠? 얘를 말이에요. 칼로 표피가 보일 때까지 벗겨내요. 생선회 뜨는 거 본 적 있죠? 비슷한 거예요."

사수는 능숙하게 껍질을 발라냈다. 레몬의 안쪽 표피는 환 공포증을 가진 사람이라면 질색할 정도로 정밀하고 규칙적인 환 모양의 무늬가 있었다.

"그런데 이 작업은 왜 하는 거예요?"

"잘 봐요. 이렇게 손질한 껍질을 살짝 눌러주면, 보이죠? 봐요. 어두워서 잘 안 보이나?"

작업대 옆 반사등 근처에서 사수는 다시 껍질을 살짝 포개듯 눌렀다. 순간 빛 주위로 화려하게 작은 방울들이 튀어올랐다. 레몬 향은 작업대 위에 가득했고 떨어진 입자들은 검은 바 상판에 짓눌려 있었다.

"와! 신기해요. 예쁘고."

"응, 이런 과육의 껍질에는 오일과 에센스가 남아 있어요. 본 것처럼 이것들을 잔 주위에 뿌려요. 그럼 잔에 들러붙어 향을 유지하죠. 그러므로! 석주 씨는 매일 껍질 손질을 해야 해요. 넉넉하게 하면 좋겠죠? 오늘은 제가 할게요. 익숙지 않으면 손 베일 수 있으니까."

"네."

나는 백 바에 옹기종기 모여 있는 위스키 라벨을 천으로 닦으며 이게 영어가 맞나 싶은 이름들을 숙지하려 애썼다.

"이건 어떻게 읽는 건가요? 외우려 해도 발음이 가늠되지 않네요."

"Laphroaig♦. 라프로익이라고 발음해요. 대부분의 싱글 몰트 위스키는 영어가 아닌 게일어로 표기해요. 이름은 보통 위스키를 증류하는 증류소의 이름을 표기해요. 간혹 영어로 표기된 증류소도 있으니, 그건 그때 알려줄게요."

몇 주 동안 내가 도맡아 한 일들은 상당히 간단했다. 밑 작업을 하고 손님을 맞이했다. 손님의 물잔을 계속 채우고 설거지를 신속하게 했다. 사수가 만들어 낼 칵테일을 위해 잔과

♦ 라프로익 Laphroaig: 스코틀랜드 아일라 지역의 싱글 몰트 위스키 증류소.

기물들을 눈치껏 빠르게 준비하며 레시피를 되뇌었다. 칵테일을 제조하는 일은 훈련이 많이 필요하기에, 사수는 나에게 고객에게 위스키를 추천하는 일을 주로 맡겼다.

'철컹'

평소보다 큰 굉음의 철문 소리가 바에 울려 퍼졌다. 쭈뼛거리며 작게 목인사를 하는 사람에게 모두의 시선이 쏠렸다.

"어서 오세요. 혼자이신가요?"

"아, 네. 혼자예요."

나는 술병이 잘 보이는 바의 한가운데에 그를 안내했다. 도톰한 물수건을 건네며 그의 표정을 훑었다. 따뜻한 면의 갈기들이 그에 손에 닿자 조금은 긴장이 풀린 듯했다.

"메뉴를 준비할까요?"

몽글한 김이 피어오르는 차를 따르며 나는 말했다.

"네, 메뉴 주세요."

그는 한참 메뉴를 훑고 난감한 표정을 지었고, 읽은 곳을 계속해서 다시 읽는 듯하였다.

"혹시 따로 찾는 게 있나요? 위스키는 백 바에 많습니다."

"제가 이런 바에 온 건 처음이어서요. 위스키를 한잔하고 싶은데, 어떤 걸 마셔야 할지 모르겠네요."

낯설고 용감한 질문을 마친 그에게 나는 최대한 많은 정보를 줄 필요성이 있다고 판단했다.

"아. 그렇군요. 우선 위스키를 마시는 방법은 여러 가지가 있어요. 위스키를 온전히 즐기고 싶다면 니트◆라는 방법을 추천해요. 다른 첨가나 온도의 변화 없이 잔에 위스키를 따라서 천천히 마시는 방법입니다. 그리고 온더락이란 방법도 있죠. 보통은 넓은 온더락 잔에 큰 얼음을 넣고 위스키를 붓는 방법이에요. 온도가 차가워지면 마시기는 수월해지지만 아로마◆◆가 금방 날아가 버려요. 또 탄산수를 넣어서 먹는 하이볼이란 방법, 녹차를 넣어서 마시는 오차와리, 상온의 물을 첨가하는 미즈와리◆◆◆라는 방법들도 있습니다. 혹시 주량이

◆ 니트 Neat: 얼음이나 물로 알코올을 희석시키지 않고 마시는 방법.
◆◆ 아로마 Aroma: 향기라는 뜻으로 주로 와인에서 자주 사용하는 용어이다.
◆◆◆ 미즈와리 みずわり: 영어식 표현은 Added Water. 물을 타서 마시는 방법을 말한다. 좋은 품질의 위스키를 즐기기에는 아쉬운 방법일 수 있다.

어떻게 되나요? 평소에 술을 잘 드시는 편인가요?"

"아, 아뇨 술을 그렇게 잘하지는 못해요. 그치만 위스키는 오늘 꼭 한잔 마셔보고 싶어서요."

"그럼 오늘은 온더락에 얼음을 넣어서 위스키를 준비해 드릴게요. 위스키는 보통 40도 이상의 알코올이기 때문에 아로마를 제외한 에탄올 향이 너무 강하게 느껴질 수도 있고, 강한 도수의 알코올이 혀나 입안을 조금은 거칠게 자극할 수도 있어서요."

"네, 그럼 온더락으로 할게요. 어떤 위스키가 좋을까요?"

"저희가 보유하고 있는 위스키들은 블렌디드 위스키◆◆◆◆, 블렌디드 몰트, 싱글 몰트, 싱글 그레인 위스키들인데요. 대부분은 싱글 몰트 위스키예요. 각자의 개성들이 뚜렷하죠."

"싱글 몰트 위스키가 뭐죠?"

"음, 쉽게 설명해 드리자면, 혹시 커피 좋아하시나요?"

"네, 좋아해요. 자주 마셔요."

◆◆◆◆ 블렌디드 위스키 Blended Whisky: 맥아로 만든 위스키(Malt Whisky)와 곡류로 만든 위스키(Grain Whisky)를 혼합한 위스키.

"가끔 카페에서 싱글 오리진 원두라는 걸 본 적이 있으실 거예요. 원산지를 늘 표기하죠. 에티오피아 시다모라는 원두라면 에티오피아에서 수확한 콩을 가지고 원두를 만들었다는 걸 의미하죠. 싱글 몰트의 싱글이라는 뜻은 바로 이런 뜻이에요. 가령 이 위스키를 한번 보시겠어요?

라가불린 16년이라는 위스키입니다. 스코틀랜드에서는 보통 증류소의 이름이 위스키의 이름이 되곤 하는데요. 이 위스키를 제조한 증류소는 스코틀랜드 서쪽 해안 남쪽에 위치한 아일라라는 섬에 있어요. 라가불린 16년은 오로지 라가불린 증류소에서 라가불린을 위해서만 술을 만들어낸 결과물입니다. 그렇기 때문에 싱글이란 단어가 붙죠. 몰트는 맥아라고 해요. 보리로 만들어낸, 위스키를 만드는 가장 첫 단계의 상태라고 생각하시는 게 편할 것 같네요. 맥주의 양조 단계에서도 사용하구요."

"어렵네요. 그렇지만 궁금해요, 이 라가불린이라는 위스키."

"이 라가불린은 향에서 호불호가 있을 수 있어요. 보통 피티하다고 표현하는 이 향 때문에 그렇죠."

나는 위스키 병목을 아래로 천천히 기울여 코르크를 살짝 적시고 마개를 열어 그의 코에 가져댔다.

"어떤 향 같아요? 보통 정로환 향이나 치과에 온 것 같다는 이야기들을 해요."

라가불린을 테이스팅 할 당시 나 또한 치과 치료실을 열자마자 진동하는 향과 유사하다고 생각했지만 무언가 처음 맡아보는 향이라고 느꼈다. 마른 해초 같기도 했고 태우다 만 신문지 향 같기도 했다.

"여러 아로마들이 섞여 있지만 라가불린의 주된 매력은 이 피티함이에요. 이유는 위스키를 제조할 때, 아까 말씀드린 몰트를 건조하죠. 그 과정에서 피트라는 독특한 탄의 훈향을 입히기 때문이에요. 여기서 재미있는 점은 피트는 한 요소일 뿐이라는 것이에요. 피트 사용을 주로 하는 증류소들은 저마다 다른 캐릭터를 가지고 있죠."

"아, 재미있네요. 라가불린 16년 옆에 있는 12년은 어떤가요? 연도 수가 적어서 더 저렴하려나?"

"아, 라가불린 12년은 사실 16년보다 가격대가 높아요. 에디션 정도로 생각하면 무방하겠네요. 이 친구는 Cask

Strength, 줄여서 CS 위스키라고 해요. 보통의 위스키들은 품질의 균형과 같은 도수를 맞추기 위해 물을 첨가해서 출시하는데요. 이 친구는 물을 첨가하지 않는 제품이죠. 보세요. 도수가 55도를 넘어가죠. 이런 도수가 높은 에디션 위스키들은 보통 피니시가 강렬해요."

"아, 연도가 낮다고 무조건 가격이 저렴한 건 아니군요."

"그렇죠. 혹시 아버지나 할아버지께서 위스키를 모으시지는 않았나요?"

"음, 아버지가 워낙 좋아하셔서 항상 술장에 위스키나 꼬냑을 두셨어요."

"그중에 혹시 화이트 호스라는 위스키를 본 적이 있나요? 주황빛 라벨에 하얀 말이 그려져 있는 위스키인데!"

"아! 본 적이 있는 것 같아요."

"스코틀랜드의 블렌디드 위스키인데요. 이 위스키의 핵심원료가 바로 라가불린이에요. 이런 핵심 위스키를 보통 키 몰트라고 해요. 우리가 쉽게 접할 수 있는 조니 워커*나 발렌타인**에는 바로 쿨 일라***와 아드벡****이라는 싱글 몰트 위스키가 키 몰트이죠."

"조니 워커는 많이 마셔봤는데, 전혀 몰랐어요."

"대부분 알기 어렵죠. 싱글 몰트 위스키를 즐기다 다시 블렌디드 위스키를 접하면 그런 요소들을 새롭게 찾아내는 재미도 있답니다."

♦ 조니 워커 Johnnie Walker: 스코틀랜드 킬마녹(Kilmarnock)에서 양조하는 대표적인 스코틀랜드 블렌디드 위스키.

♦♦ 발렌타인 Ballantine's: 국내에서도 인기가 많은 스코틀랜드 블렌디드 위스키. 1800년대부터 스코틀랜드 위스키 업계에서 활동했다. 제조사는 George Ballantine & Son Ltd.

♦♦♦ 쿨 일라 Caol ila: 스코틀랜드 아일라 지역의 싱글 몰트 위스키 증류소. 아일라의 소리라는 뜻.

♦♦♦♦ 아드벡 Ardbeg: 스코틀랜드 아일라 지역의 싱글 몰트 위스키 증류소. 낮은 언덕이라는 뜻.

K의 스프링뱅크 10년

"석주 씨, 일한 지 벌써 꽤 되었네요? 오늘부터는 기본적인 걸 연습 좀 해 봅시다. 이제 이론적인 것들도 슬슬 숙제 내 줄 거예요."

"오늘 연습할 건 지거링이라는 거예요. 위스키를 테이스팅 글라스에 옮겨 담을 때나, 칵테일을 만들 때 넣는 술들의 정량을 잴 때 쓰는 이 기구를 지거라고 해요. 지거에 술을 원하는 양만큼 담고 부어내는 것을 지거링이라고 하구요. 이게 생각보다 어려워요. 처음에 하면 다 흐르고 난리거든요."

"어려운 건가요? 쉽게 보였는데."

"한번 해 볼래요? 자세와 동작을 알려줄게요."

사수는 빈 병에 물을 가득 채우고, 바 상판에 물이 든 병, 지거, 잔, 행주를 놓았다.

"자, 병의 마개를 돌릴 때는 오른손으로 병의 몸통을 잡고, 아! 몸통을 잡을 때에는 앞의 손님에게 병의 라벨이 보이도록 해야 해요. 음, 그리고 왼손 중지로 마개의 스크루를 돌리면서 빼내는 거예요. 이렇게."

스르륵 하는 소리와 함께 자연스레 마개가 사수의 중지를 타고 돌아가 손에 끼워져 있었다. 마술 같기도 하고 멋졌다.

"그다음에는 손에 마개를 낀 채로 지거를 잡아요. 검지와 엄지를 이용해서. 그 상태로 술을 지거에 따르고, 팔을 펴 가면서 손목을 돌려서 잔 안에 넣는 거예요. 아, 다 끝난 게 아니에요. 리큐르 같은 것들은 따라내고 바로 마개를 덮으면 끈적여서 나중에 열기 힘들어요. 닫기 전에 늘 이 행주로 병 윗부분을 닦고 마개를 닫으면 돼요. 자, 이제 해 봐요."

사수가 알려준 대로 자세를 잡고 지거에 물을 따랐다. 출렁이는 물. 이건 술이 아니라는 생각으로 과감하게 손목을 꺾어 잔을 향해 부었다. 삼 분의 이는 들어갔지만 나머지 액체들이 잔을 타고 흘러내렸다. 이게 술이었고 앞에 손님이 있었다면 꽤 난감한 상황이 아닐 수 없었다.

"생각보다 어렵네요. 저 잔의 윗부분이 저렇게 좁게 느껴질 줄 몰랐어요."

당황한 기색이 역력한 나에게 사수는 처음부터 잘하면 본인은 그만두려 했다며 너스레웃음을 지었다. 연습하다 보면 금방 손에 익을 거라고 하며 손님이 없을 때마다 틈틈이 연습하라고 얘기했다. 또한 실용적인 스킬의 연습도 중요하지만 손님을 가이드할 수 있는 배짱을 우선 키우는 게 중요하다고 강조했다.

손님 중 대부분은 칵테일이나 위스키를 추천받길 바랐다. 몇몇 단골이나 위스키 애호가들은 백 바를 지긋이 훑고 본인의 취향에 맞는 것들을 잘 골라냈다. 새로운 술을 새로운 손님에게 권하는 일은 즐거우면서도 번거로운 일이었다. 추천 다음의 각각의 만족감은 보통 첫 모금을 대는 순간 알 수 있었다. 이후 반응은 여러 가지였는데, 대개는 만족스러운 표정이거나 의아한 표정, 이후 몇 모금 만에 온화한 표정으로 변하는 경우 등이 있었다. 겨울에 만난 K는 처음으로 인상을 찌푸린 손님이었다.

"어서 오세요."

"혼자예요. 저쪽 끝에 앉고 싶은데."

날카롭고 찬 목소리가 돌아왔다. 차분하고 검은 중 단발. 30대 초반으로 보였다. 얼굴과 묘하게 어울리지 않는 감색 코트를 벗으며 계산대 바로 앞에 자리한 그는 백 바를 살짝 보더니 이내 나의 얼굴을 쳐다보았다.

"위스키 하이볼."

"네, 위스키 하이볼 준비해 드릴게요."

나는 사수에게 칵테일 주문을 알려주고 기다란 하이볼 잔을 준비했다.

"아, 저는 페이머스 그라우스◆는 싫구요. 조니 워커 블랙으로 부탁드릴게요."

기호가 확실한 손님이라 생각했다. 사수의 입가가 순간

◆ 페이머스 그라우스 The Famous Grouse: 스코틀랜드 블렌디드 위스키의 브랜드. 꿩과 비슷한 새인 뇌조가 병에 새겨있다.

살짝 뒤틀렸다. 물론 나만 눈치챌 수 있을 정도였다. 사수는 긴 하이볼 잔에 각지게 카빙**한 얼음 세 개를 넣은 후 바 스푼으로 빠르게 저었다. 이런 과정을 칠링이라고 했는데, 칵테일은 온도가 중요하기 때문에 잔을 충분히 차갑게 만드는 과정이었다. 칠링된 잔에 남은 물을 살짝 버리고 사수는 조니워커 블랙을 40mL 가량 부었다. 그 위로 탄산수를 슬며시 채워나갔다.

"여기 위스키 하이볼입니다."

K는 잔 안에 솟구치는 성난 탄산 위로 얼굴을 대고 잠시 멀뚱히 쳐다본 후 꿀꺽 큰 모금을 삼켰다. 아리송한 표정을 짓고 세 모금 만에 K는 하이볼을 비웠다.

위스키 하이볼이란 칵테일은 사실 간단하면서도 어려운 칵테일이었다. 들어가는 재료야 위스키, 탄산수가 끝이었으나, 탄산수를 따르는 방법이라든지 탄산 입자를 최대한 보유하면서 섞는 법이라든지 모두 바텐더의 섬세한 스킬이 요구

**카빙 Carving: 칵테일이나 온더락에 사용하는 얼음을 용도에 맞게 깎거나 다듬는 것.

되었다.

"위스키 한잔하고 싶은데요. 추천 좀 해주시겠어요?"

"평소에 즐겨 드시는 싱글 몰트가 혹시 있을까요?"

"가벼운 것들을 보통 선호해요. 오큰토션* 같은 위스키."

평소 같았으면 별 고민 없이 발베니** 12년이나 글렌피딕*** 정도로 추천을 했겠지만 다소 까다로운 K에게는 그다지 인상적이지 못할 거라 느꼈다. K는 피드백을 동공이나 눈썹의 움직임 정도로 알게 모르게 만족감을 표현하는 듯했다.

"스프링뱅크 10년, 혹시 드셔 보셨나요?"

"음, 아니요. 어느 지역 위스키죠?"

"스코틀랜드 캠밸타운의 위스키예요. 캐스크**** 숙성은 버번과 셰리 두 가지를 거쳤는데, 특이사항으로는 2.5회 증류를 거친 것, 그리고 스코틀랜드 증류소 중에서 가장 수작업을

---

* 오큰토션 Auchentoshan: 스코틀랜드 로우랜드 지역의 싱글 몰트 위스키 증류소. 대개 몰트에 피트를 사용하지 않는다.

** 발베니 Balvenie: 스코틀랜드 스페이사이드 지역의 싱글 몰트 위스키 증류소.

*** 글렌피딕 Glenfiddich: 스코틀랜드 스페이사이드 지역의 싱글 몰트 위스키 증류소. 계곡의 사슴이라는 뜻을 가지고 있다.

많이 하는 증류소로 유명하죠. 저는 가벼운 과일향에 살짝 피트감이 있어서 좋아해요."

"흠, 니트로 한 잔 부탁해요."

두 번째 주문은 어느 정도 온화해진 말투였다. 약간의 취기로 인한 몸의 온도 변화가 K의 마음을 움직인 걸까.

"짜다."

"네?"

"짜요. 그런데 좋아요."

K의 동공은 크게 확장되었으며, 살짝 찌푸린 미간의 주름들 사이로 눈썹은 날아가듯 웃고 있었다.

"뭐랄까, 낮에 해수욕을 즐기며 마시는 차 같아요. 그것도 반쯤 의자에 기대어서."

K는 대학병원 인턴이었다. 항상 본인의 주량을 웃도는 정도를 마셔야 만족을 했고, 몇 번을 봐도 까다로운 손님이었

◆◆◆◆ 캐스크 Cask: 위스키 등을 숙성시키는, 나무로 만든 실린더 모양의 통. 사용하는 캐스크는 여러 가지가 있다. 기존에 어떤 술을 보관했는지에 따라 다음 위스키의 뉘앙스가 변할 수 있다. 캐스크의 크기나 나무의 종, 나무를 태운 정도도 위스키의 변화에 중요한 요소로 작용한다.

다. 단골이라는 칭호를 단 이후에도 그는 추천해 준 칵테일이나 위스키가 마음에 들지 않을 경우, 늘 참혹하고 신랄한 평가를 곁들였다.

잔을 비울 때마다 그 눈썹은 한없이 뒤틀렸다 춤을 췄다의 반복이었다. 대부분의 순간은 얼음에 몸을 대 녹아 사라져 버리길 바라는 술처럼 위태로워 보였지만, 어떤 날에는 얼음을 통해 빛을 발하는 칵테일처럼 멋지기도 했다.

라프로익이 들어간 칵테일

'라프로익 쿨러'는 **'간판이 없는 바'**의 시그니처 칵테일이 었다. 하이랜드 쿨러라는 위스키 칵테일에 라프로익 싱글 몰트 위스키를 넣어 만든 칵테일이었다. 레시피는 하이랜드 쿨러 레시피와 동일했다.

라프로익 45mL

레몬즙 15mL

시럽 7−8mL

셰이킹

진저 에일*로 풀업

재밌는 점은 가격이었다. **'간판이 없는 바'**의 라프로익 10년의 가격은 1oz(30mL) 기준 15,000원, 그런데 라프로익이 45mL나 들어가는 라프로익 쿨러의 가격은 13,000원이었다. 가격형성의 역사는 단순한 오타에서 비롯되었다.

첫 메뉴에 새겨진 '라프로익 쿨러'의 가격이 18,000원에서 13,000원으로 잘못 표기된 것. 위스키 애호가들이야, 메뉴를 보자마자 다소 어이없는 가격에 미소를 지으며 '라프로익 쿨러'를 주문했고, 돌이킬 수 없는 가격이 되어 버린 것이다. 그렇게 **'간판이 없는 바'**의 시그니처가 되어 버린 '라프로익 쿨러'의 가격을 오너는 상향시킬 수 없게 되었다.

"요새 손님들이 라프로익 쿨러만 시키네. 적자 나겠어."

바에 앉아서 매일 첫 잔을 라프로익 쿨러만 시키는 단골 아저씨가 말했다.

"본인도 매일 드시면서 뭘."

농담조로 뱉어냈지만 아저씨의 말이 약간 얄미웠다.

◆ 진저 에일 Ginger Ale: Ginger Beer 라고도 부른다. 알코올은 함유되어 있지 않고 생강과 다른 향신료로 만든 탄산음료이다. 보통 칵테일의 제조에 사용한다.

'철컹'

새로운 손님이 문을 여닫으면 유독 쇠문 소리에 귀가 크게 반응한다.

"어서 오세요. 두 분이신가요?"

이국적인 이목구비를 지닌 검고 수더분한 한 명과 긴 머리가 허리까지 닿는 또 다른 한 명이 바 문턱에 발을 디뎠다.

"저는 라프로익 10년 한 잔 주시고요. 너는 뭐로 할래?"

"으, 그 이상한 냄새나는 걸 또 마셔? 나는 칵테일 한잔하고 싶은데."

그는 동행을 타박하며 '이상한 냄새가 나는' 라프로익을 보고 고개를 저었다.

"전에 접하신 라프로익 향이 상당히 별로였나 봐요."

라프로익 향을 칵테일로 표현하면 좀 더 마시기 편하지 않을까 하는 생각이 스쳤다.

"저는 도대체가 돈을 내고 그걸 왜 마시는지 모르겠어요. 다른 화사하고 상큼한 향의 위스키들도 많던데. 이상해요. 치과 온 것 같고."

"피트한 타입의 위스키들이 호불호가 강한 게 사실이죠. 칵테일은 어떤 스타일이 좋으실까요?"

"음, 적당히 달곰하고 상큼한 칵테일이 마시고 싶어요. 탄산이 들어간."

"혹시 위스키 베이스도 괜찮으실까요?"

"네, 좋아요. 너무 독하지만 않다면. 바텐더의 취향에 맡겨볼까 해요."

나는 사수를 쳐다봤고 사수는 귀 근처로 얼굴을 살짝 대고 지켜볼 테니 한번 만들어 보라고 지시했다.

"라프로익은 향이 강한 위스키가 맞아요. 하지만 칵테일로 만들면 레몬 향과 더불어 생각하시는 것보다 근사한 한 잔이 될 수 있죠. 실례가 안 된다면 라프로익이 들어간 칵테일은 어떠실까요? 마음에 들지 않으시면 값은 치르지 않으셔도 돼요. 이곳의 시그니처 칵테일이어서 권유해 봐요. 강요하는 건 아니니 신경 안 쓰셔도 돼요!"

"음, 괜찮으려나."

"안 내키면 다른 거 마시면 되지. 고민 말구."

동행은 거들었으나, 내심 기대에 찬 눈빛이었다.

"마셔 볼게요. 시그니처이기도 하니까."

나는 바 탁상에 긴 하이볼 잔, 쉐이커, 라프로익 10년 병, 레몬즙을 모은 작은 병, 시럽, 진저에일을 놓고 메이킹을 시작했다.

완성된 라프로익 쿨러에 레몬 껍질로 가니시*했다. 노란빛으로 넘실거리는 액체 덩어리를 눈앞으로 밀어냈다.

"와, 너무 상큼하고 좋아요. 도수도 적당한 것 같고. 그런데 이 향이 뭔가요? 레몬 향과 위스키의 향이 섞여서 그런가?"

그는 위스키 향을 맡고 칵테일의 향을 맡았다.

"억지로 맛있다고 하지 않으셔도 돼요. 피트한 향은 생각보다 시원한 느낌의 칵테일과 잘 어울려요."

"아뇨. 좋은 칵테일이에요. 그렇지만 아직 위스키 자체는 모르겠네요."

동행의 잔에 코를 다시 대며 얘기했다.

---

* 가니시 Garnish: 칵테일 제조 후 외형을 돋보이게 하는 장식이다. 보통 과일의 껍질을 사용하며 향을 더하기 위해서도 사용한다.

손님이 다 떠나고 뒷정리를 하는데 사수가 웃으며 말했다.

"라프로익 쿨러 추천 재밌었어요. 그렇지만 앞으로는 위험한 결정은 생각을 많이 하고 다시 한번 확인 후에 내리는 게 좋겠어요. 손님이 싫어했으면 어쩔 뻔했어."

위험을 감수한 추천이라 다소 난감했을 사수의 위치는 사실 별 신경이 쓰이지 않았다. 나름의 재치를 인정받은 것 같아 설렘이 더 커졌을 뿐이다.

편수와 오큰토션

지거링 연습을 마치고 남은 비장한 물 자국들을 닦고 있을 때 문이 열리는 소리가 들렸다. M이었다. 그는 며칠 전 일면식을 가진 **'간판이 없는 바'**의 단골이다. 사수가 말해 주었는데 건축가라고 한다. 건장한 체구에 사십 대 초반이라기에는 조금 많은 흰머리가 눈에 띄었으며, 테가 얇은 안경이 잘 어울렸고 매너가 좋은 듯했다.

"안녕하세요. 이쪽으로 앉으세요."

"젊은 사람이 있으니 가게가 환하네. 사장님은 어디 갔어요? 요새 좀 보기 힘드네."

"아, 사장님은 저녁에 저랑 식사하고 미팅 가셨어요. 새벽 즈음에 여기로 들르실 것 같은데⋯⋯."

사장은 늘 회의가 많았다. 서른셋이라는 젊은 나이에 그는 이 **'간판이 없는 바'** 말고도 다른 회사를 운영 중이었다.

"오셨네요? 첫 잔 뭐로 드릴까요?"

화장실을 다녀온 사수가 그에게 물었다.

"사장님이 공지한 거 보니까 스즈* 들어온 듯한데, 스즈로 김렛 한잔 만들어줘요. 근데 어디서 구한 거예요, 대체?"

"스즈 김렛 좋죠. 아, 지난번에 일본 다녀오면서 한 병 가지고 왔어요."

림의 구경이 약간 좁은 마티니 잔 위에 자잘한 얼음들이 깔려있었다. 얼음들이 빛을 반사해 내는 아래에는 노란 것들이 일렁였다. 비틀거리는 가을 해의 끄트머리처럼 M씨가 잔을 들 때마다 황홀함이 설핏 보였다. '무슨 맛일까', 그의 표정을 살피며 생각했다. 길어지는 M씨의 눈이 입속 어느 곳에서 툭 터지는 상큼함을 나타내는 것 같았다.

* 스즈 Suze: 쌉싸름한 향이 매력적인 리큐르이다. 용담 뿌리가 주재료이며, 대부분 칵테일에 사용된다.

"아, 좋아요. 라임 향이랑도 너무 잘 어울리고. 진을 살짝 넣어도 맛있겠어요."

"맞아요. 진이랑도 잘 어울리고, 토닉워터만 올려서 먹어도 좋아요, 달고 씁쓸하니."

"김렛 얘기 나와서 말인데, 나 이번에 미군 부대에서 로즈사 라임 주스 몇 개 가져왔어요. 다음에 올 때 가져다줄게. 그걸로 오리지널 김렛 한 잔."

"저야 너무 좋죠. 저도 한번 맛보아도 되죠? 구하기 힘들더라구요, 그 주스."

술에 관련된 이야기들이 한참을 오갔다. 나는 아직 무슨 술이 어떻고, 칵테일이 어떻고에 대해 자세한 것들은 온전히 이해하지 못했다. 그렇지만 좋았다. 술에 대해 이야기한다는 게 그들만이 이해할 수 있는 무엇이라고 생각하지 않았다. 찾아보면 어렵지 않은 것이었고 이곳에 있다면 언제든 경험할 수 있을 거란 생각에 들떠있었다.

'간판이 없는 바'의 두 번째 문 열리는 소리와 함께 살집이 조금 있어 보이는 사람이 들어왔다. 모두 아는 사이인 듯했다.

"아이고, 잘 됐다. 먹을 것 좀 가져왔는데, 다들 있네. 강의 마치고 집에 있으니까 심심하더라고."

"뭘 또 싸 오셨나, 음식이면 뭐 늘 환영이지."

"여기 사장님이 냄새 많이 나는 음식 가져오면 하도 뭐라 해서 늘 신경을 써요, 내가."

큰 밀폐 용기를 열자 자작한 물 위에 네모난 만두와 가지런한 고명이 있었다. 고명이 가운데로 모여 있는 걸 보며 그녀가 얼마나 심혈을 기울여 음식을 들고 왔는지를 알 수 있었다.

"이야, 편수♦잖아? 편수를 여기서 다 먹네."

M씨가 환한 웃음을 지으며 말했다.

"편수가 뭐 있나, 만두지 만두. 네모나게 빚는 게 좀 까다롭긴 해요, 식힌 물은 양지머리 삶은 물이고. 더 추워지기 전에 먹는 편이 좋을 것 같아서 말야."

L씨는 대수롭지 않은 듯 까다로운 편수의 과정을 설명했

♦ 편수: 개성지방에서 먹는 네모난 만두. 보통 국물 없이 먹기도 하고 양지머리 삶은 물을 차갑게 식혀 띄워 먹기도 한다.

다. 그녀는 대학의 식음료과 교수였다. 푸드 스타일링 일도 겸하면서 꽤 오랜 시간 강단에 있었다고 한다.

"아, 그리고 나 너무 독하지 않은 위스키 한 잔 줘요. 한 잔만 먹고 잘 거야. 아침에 일찍 나가야 해."

"네, 감사합니다. 잘 먹을게요."

나와 M씨가 편수를 걸신스럽게 입에 넣는 동안 사수는 나를 힐끗 보며 나에게 위스키를 따르라고 지시했다. 그리고는 잠깐의 고민 끝에 오큰토션 병을 바에 올려놓았다.

"아이, 같이 먹어요. L씨 이건 오큰토션이라는 싱글 몰트 위스키예요. 아마 안 먹어 봤을 거야."

평소와는 다르게 사수는 편수가 급한 듯 별다른 설명 없이 위스키를 내어주고는 마저 수저를 들었다.

"다들 잘 먹으니 다행이네. 와 근데 이거 진짜 부드럽네? 술술 넘어가 아주."

"이제 위스키 잘 마시네. 부드러워도 그거 40도야."

한 모금을 마치고 내려놓은 잔에서는 이전과는 사뭇 느낌이 다른 향이 흘러나오고 있었다. 가볍게 스치는 바닐라 뉘앙스와 톡 치고 올라오다 말아버리는 스파이시한 향이 편수

속 고기 비린내와 섞였다.

"그런데 이거 무슨 위스키예요? 간단하게 설명은 좀 해 줘요. 편수 그만 집어 먹고."

그녀는 사수가 아닌 나에게 물음을 던졌다.

"음, 오큰토션 12년이 섬세하고 가벼운 측면이 있어서 추천해 주신 것 같아요. 스코틀랜드 남부 쪽인 로우랜드에 증류소가 있구요. 특이점은 뭐 다른 증류소와 달리 세 번 증류한 정도?"

"아하, 어때요? 개인적으로 좋아하는 위스키?"

"한 잔만 마셔야 한다면 선택하진 않겠지만 나름의 우아함이 있다고 생각해요, 저는. 섬세하고 달콤한 뉘앙스들이 있어서 아침 식사 위스키라는 별명도 있거든요. 오히려 더 개성이 강하다고 느껴질 때도 있어요."

만족스러운 식사를 마친 M씨가 수저를 놓고 말했다.

"나도 나이 들었나 봐. 이제 자극적인 지도 잘 모르겠어요."

그들의 말에 순간, 자극적인 것들이 경험과 세월에 의해 사라지는 걸까, 하는 생각이 들었다. 위스키를 처음 접했을 때 강한 에탄올 때문에 눈과 코가 맵던 게 이제 사라졌기 때문이다.

잔이 중첩될 때마다 에탄올들이 나의 기관들에 서려 신경이 무뎌지는 것인지, 뇌에서 이제 이건 알콜 향이 무척 세다는 걸 인지했으니 덜 반응하라고 보호하는 것인지 알 수 없었다. 다만 그런 순간이 잦아지면 무척 쓸쓸할 듯하다는 생각이, 편수를 삼키고 난 후 공허함과 함께 부풀어 올랐다.

테이스팅 노트

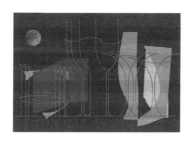

간만에 **'간판이 없는 바'**에는 나와 사수, 사장까지 해서 셋이 있었다.

"석주 씨, 이제 하루에 한두 개씩은 테이스팅해 봐야죠? 일한 지도 좀 되었으니 더 많이 마셔보고. 테이스팅 노트 적는 건 우리 사수가 알려줄 거예요."

사수는 테이스팅 노트를 쓰는 간단한 양식을 나에게 건네주었다.

1. 위스키 이름

2. 숙성 년 수

3. CS, SC, NC, NCF, ABV

4. Bottling Number, Distilled Date, Cask Number

5. Nose 향 (잔 안의 공기 향까지)

6. Taste 맛

7. Finish (머금고 목으로 넘기고 나서 코와 입으로 숨 쉬었을 때, 잔향)

8. Image 연상

"공식적으로 정해져 있는 양식은 아니에요. 다만, 위스키 한 병에 대해서 본인 나름의 기준과 정보가 있어야 손님들에게 판매할 수 있어요. 병마개를 열고 단지 따라주는 건 누구나 할 수 있어요. 그리고 제일 중요한 게 8번, 이미지예요. 예를 들어 이 병을 보면."

사수는 백 바에서 보모어♦ 12년이라는 싱글 몰트 위스키를 잡았다.

♦ 보모어 Bowmore: 스코틀랜드 아일라 지역의 싱글 몰트 위스키 증류소. 큰 모래톱이라는 뜻.

"이 병의 뒤쪽을 보면 간단한 향과 맛이 적혀 있어요. 뭐 피트하고, 바닐라, 살짝 구운 견과류 향 등등. 이런 정보들은 이 보모어 증류소 홈페이지만 들어가도 다 나와요. 그런데 손님들에게 이런 세세한 향의 정보를 다 알려줄 필요는 없어요. 사람은 간사해서 이런 정보를 알고 마시면 정말 그런 향이 나는구나, 하고 생각하거든. 대신 나는 이 보모어 12년이란 병을 설명할 때 오래되고 늙어버린 나무 같다고 얘기해요. 손님들은 그런 향은 뭘까 하고 상상해요. 상상과 동시에 본인이 여태 경험했던 향, 맛을 유추하며 본인 나름의 기준을 세울 수 있죠. 손님들에게 이렇게 응대를 하고 판매를 하지만 석주 씨는 테이스팅 노트에 쓸 수 있는 모든 정보를 알고 있어야 해요. 어렵죠?"

나는 사수의 의견에 전적으로 동의했다. 여태 나는 위스키를 추천할 때 기본적인 아로마, 팔레트, 피니시에 의존했다. 그러나 향과 맛에 대한 획일화된 정보는 그들의 상상력을 방해할 수 있고, 내가 할 일은 단지 그들이 그 위스키 한 잔에 대해 충분히 생각하고 본인 나름의 방식으로 즐길 수 있도록 가이드하는 것이었다.

"자자, 설명은 그 정도면 되었고 이거 마셔 봐요, 석주 씨. 이미 기본적인 것들은 많이 마셔 보았으니. 처음 테이스팅하는 의미로 좋은 거 한번 마셔 봅시다."

사장은 짙은 갈색 라벨을 지닌 병을 바에 내려놓았다. 고풍스러운 분위기가 병에서부터 흘렀다.

글렌드로낙[*] 21년. 내가 '**간판이 없는 바**'에서 처음으로 테이스팅한 싱글 몰트 위스키였다. 잔을 몇 번 휘휘 굴리고 코를 가까이 댔다. 부드러운 바닐라 향과 나무 향이 가득했다. 입에 머금자 입과 코에서 셰리 향이 뿜어져 나왔고 천이 혀를 휘감는 느낌이 들었다. 여렸다가 이내 강렬해졌고 48도의 도수보다는 더 무게감이 있게 느껴졌다. 기교를 부리지 않고 그 자체로 훌륭한 느낌이었다.

내가 글렌드로낙 21년을 마시고 처음 쓴 테이스팅 노트의 8번은 '반신욕을 하며 부드러운 레드와인을 마시는 느낌'

---

[*] 글렌드로낙 Glendronach: 스코틀랜드 하이랜드 지역의 싱글 몰트 위스키 증류소. 셰리 캐스크 숙성 타입의 위스키들이 유명하다.

이었다.

　이후 나는 하루에 한두 종류씩의 위스키들을 테이스팅하고 노트를 작성했다. 사수는 노트를 보고 이런 점은 나와 다르고 이런 점은 느끼는 게 비슷하다며 짧은 코멘트를 종종 해주었다.

　오후 열 시 반쯤 '**간판이 없는 바**'는 자리가 몇 없었다. 남은 두 자리는 출입문에 가까운, 내가 주로 사수를 서브하는 자리였다.

　"어서 오세요. 두 분이신가요?"

　삼십 대 중반, 연인 사이로 보이는 두 명이었다.

　"바 자리는 이쪽 두 자리만 남았네요. 괜찮으시겠어요?"

　"네, 괜찮아요. 여기 처음이라서 그런데…… 메뉴가 없다는 이야기는 들었어요."

　남자가 약간 날카롭게 대답했다.

　나는 '**간판이 없는 바**'의 기본적인 룰과 메뉴에 대해 설명하고 잠시 설거지를 하고 있었다.

　"저기요. 주문 좀 받아주세요."

"아, 네. 어떤 걸로 준비해 드릴까요? 두 분 다 칵테일 아니면 위스키?"

"저는 위스키가 좋겠구요. 이 친구는 술을 잘 못 마셔서 칵테일이 나을 듯하네요."

"드셔보신 위스키나 좋아하는 타입이 있으신가요?"

"많지는 않구요. 주로 잘 나가는 것만 마셔봤어요. 뭐 글렌피딕, 글렌리벳 이런 것들이요."

"음. 그럼 드시던 대로 그런 베이직한 게 좋겠어요? 아니면 도전을 해 보시는 것도 나쁘지 않은데. 향 먼저 한번 맡아 보시겠어요?"

나는 보모어 12년 병을 살짝 옆으로 들어 마개 아랫부분을 적신 뒤 마개를 열어 그의 코에 가져다 댔다.

"향이 좀 어때요? 피트하다고 하는 위스키 중 하나인데 독특해요."

"정말 독특하네요? 정로환 냄새 같기도 하고."

"완전 특이해. 맛도 이래요?"

옆에 있던 일행이 눈을 껌벅이며 물었다.

"피트한 위스키가 처음이면 아무래도 이런 향이 지배적

이긴 하겠지만 안에는 다양한 맛도 있어요. 낡은 배 느낌도 있고."

"낡은 배라 어떤 느낌일까? 좋아요, 이걸로 할게요."

"니트로 준비할까요? 아니면 온더락?"

"그냥 주세요. 니트로."

한 명은 내내 보모어의 피트함과 우디함을 인상을 쓰며 즐겼고 일행은 진토닉을 마시며 왜인지 본인의 술은 시시한 것 같다며 남자의 잔을 계속 홀겼다. 그들은 스스로 잔을 계속해서 탐닉했고 동시에 나와의 대화에도 흥미를 느낀 듯했다.

"일한 지 얼마나 됐어요? 젊어 보이는데."

"아, 저 사실은 이제 뭐, 한 석 달 지났어요. 원래는 이곳의 손님이었고요."

"정말? 손님이었다가 이렇게 일하게 되다니, 술을 정말 좋아하나 봐요."

"지금은 좀 좋아하는 편이에요. 사실 술보다는 이 공간에 더 이끌렸던 것 같아요."

"로맨틱하네. 좋다. 그럼 이 **간판이 없는 바**'에서 제일 좋아하는 술이 뭐예요?"

나는 별 망설임이 없이 검고 광택이 적은 병 하나를 가지고 앞에 섰다.

"글렌피딕 19년이에요. 정규 라인업은 아니구요. 에디션으로 나왔던 건데, 위스키 숙성 마지막을 마데이라 와인이 담겨있던 오크통에서 했어요. 아, 뭐랄까 정말 부드러운 꼬냑을 마시는 느낌이랄까. 여태 마셔본 것 중에서는 최고였어요."

글렌피딕 19년을 설명하는 동안 나는 들떠 있었다. 아끼는 노래 하나를 친구에게 '이건 말야, 사람들이 잘 모르는 건데…….' 하면서 알려주고 생색을 내는 기분이랄까.

"그럼 이걸로 한 잔 줘요. 엄청 신나하시네?"

들뜬 주문에 나는 그제야 정신이 들었다. 값비싼 위스키였다. 잔에 삼만 원. 위스키를 잘 접해보지 않은 사람에게 권하는 것이 무리한 셀링일지도 모른다는 생각이 들었다.

"아, 그런데 이게 가격이 좀 있어요. 잔에 삼만 원이라."

"엄청 비싸네요? 그래도 줘 봐요. 마셔보고 싶어졌어. 이거 고도의 전략 아니에요?"

그들은 서로를 번갈아 보며 웃었다. 조금 미안한 마음도 들었지만 그들도 나의 감상을 온전히 느꼈으면 했다. 삼만 원짜리 위스키 30mL가 테이스팅 노트에서 튀어나와 더 빛을 발하는 것 같았다. 그들이 마시는 이 한 잔의 술이 그들을 어떤 걸로부터도 더 우위에 두게 한다고 느껴지지 않았다. 나의 애타는 호기심이 신뢰로 다가가 그들의 몇 차례 경험 중 짜릿하고 빛나는 순간들로 남길 바랐다.

얼음의 역할

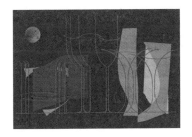

베란다에서 태우는 첫 담배로 늘 그날의 기온을 체크했다. 얇은 소재여도 코트나 니트를 입을 수 있는 날에는 윗옷의 안감만큼이나 기분이 촉촉해졌다. 겨울 비스름한 공기의 냄새는 청명하게 콧속을 파고들었다. 코안을 가글하듯 양쪽 가득 공기를 담고 내뿜으면 모든 게 날아가 버리는 느낌이 들었다.

출근하기 전에 가끔 들르던 커피 상점으로 나는 곧장 향했다. 영진시장 옆의 조그마한 커피 상점. 가게 전체는 목재로 되어있었고 가게 이름을 써놓은 현판을 보고 있자면, 창 건너 보이는 풍경은 바닷가여야만 할 것 같았다.

나는 커피 상점의 바에 앉는 것을 좋아했다. 두 명 정도 앉을 수 있는 공간은 늘 비어있었다. 그리고는 차같이 연한 커피 한 잔을 받아 들고 앞에 붙어있는 메모나 글귀들을 읽는 것이 좋았다. 멕시코 과달루페섬에서 주인아저씨에게 보낸 엽서를 읽고 있으면 가보지 못한 섬의 바다코끼리가 절로 떠올랐다. 예가체프를 한 잔 더 주문하고 새로 붙인 글귀가 없나 살폈다. 길게 붙여진 종이를 한참 쳐다보고 시계를 보았다.

마음이 뜻하지 않게 예열되어 **'간판이 없는 바'**로 향하는 걸음이 평소보다 힘차다고 느꼈다. 사수는 웬일인지 나보다 **'간판이 없는 바'**에 먼저 도착해 있었고, 얼음을 정리하고 있었다.

"석주 씨, 왔어요? 오늘 좀 춥네."

"네. 날씨가 점점 추워져요. 그래도 추워져서 얼음은 전보다 덜 녹겠어요."

"응, 날도 추워지니 얼음 깎는 일도 훨씬 수월해져요. 석주 씨도 이제 얼음 깎는 거 연습할 거예요."

'간판이 없는 바'에는 매주 목요일 새 얼음들이 들어왔다.

큐브 모양의 작은 얼음들 뭉텅이와 손바닥보다 큰 각진 얼음판이 오곤 했는데 사수는 얼음이 들어오는 날이면 조금 일찍 나와 얼음을 손질했다.

"계속 봤으니 알겠지만 우리 바에서는 이 큰 얼음을 두 가지 모양으로 만들어요. 하나는 칼로 각지게 깎아내는 것이고, 또 하나는 이 삼지창처럼 생긴 픽으로 쳐서 둥글게 만드는 거예요. 칼이 더 쉬우니까 우선 칼 먼저 해 봐요."

나는 칼로 얼음을 자른다는 게 무척이나 신기했다. 얼마나 힘을 많이 줘야 얼음이 무 자르듯 잘리는 것일까 했다. 왼손으로 각얼음을 잡고 오른손에 쥔 칼로 모서리를 직선 방향으로 밀면 얼음은 사정없이 잘려나갔다.

"처음이라 두어 개만 연속으로 카빙해도 손이 많이 아플 거예요. 실수해서 떨어뜨려도 좋으니 연습 많이 해야 해요."

놀리기 쉬운 손바닥이라 생각한 걸까. 얼음들은 나의 작은 연습터에서 신명나게 굴렀다. 이리저리 뛰어다니면서도 그들은 바닥으로 떨어지지는 않았다. 스스로의 몸값이 비싸다는 걸 알고, 아슬한 나를 놀리는 것 같아 조금은 얄미웠다.

어느새 나는 불필요한 오기 가득, 연속으로 열 개의 얼음을 카빙하고 있었다. 연유를 모르는 스트레스로부터의 해방감이 있었고, 지나가며 그 광경을 신기하게 바라보는 사람들의 시선이 싫지 않았다. 팔이 저려올 때쯤, **'간판이 없는 바'**의 첫 손님이 문을 열었다.

"어서 오세요."

"여기 위스키 전문 바죠?"

"메뉴는 의례상 건네 드리는 거구요. 가격대를 대충 보여드리려는 거예요. 뒤에 보이는 백 바에 싱글 몰트 위스키와 다른 다양한 위스키가 있고요, 음, 칵테일은 메뉴에 없는 것도 많아서 보통 취향을 물어보고 거기에 최대한 맞게 드려요."

"저 오늘은 독하고 무거운 칵테일이 먹고 싶어요. 사실 조금 피곤하기도 해서 센 게 마시고 싶은데 아무래도 위스키는 아직 어려워서요."

"달아도 돼요? 아니면 달지 않은 게 나으려나."

"달아도 좋을 것 같아요. 근데 달다면 어떤 느낌이에요? 설탕이 많이 들어간 느낌인가요?"

"아뇨. 그런 느낌은 아닌데 전체적으로 녹진하기는 해요. 향은 아몬드와 체리 향이 섞인 뉘앙스랄까? 베이스가 위스키여서 도수도 꽤 높고요."

"그걸로 할게요."

나는 '**간판이 없는 바**'에서 가장 둥글고 림♦이 얇은 온더락 잔을 선택했다. 팔이 빠지게 카빙한 얼음은 얇은 잔 속에서 빙글거리며 몸을 돌리고 있었다.

"갓 파더라는 칵테일이에요. 멋지죠, 이름?"

검붉은 액체가 손님의 목을 통과했다.

"아, 끈적이고 좋네요. 목을 지나서 배까지 따뜻해지는 느낌이네요. 위스키 베이스라고는 하지만 달아서 먹기 좋은걸요?"

"갓 파더는 위스키와 이 아마레토라는 이탈리아 리큐르가 들어가요. 살구씨로 만든 리큐르인데 아몬드 향이 지배적이죠. 들어가는 기주(Base Liquor)가 바뀌면 이름도 바뀌어요. 보통 꼬냑을 베이스로 하면 프렌치 커넥션, 보드카를 베이스

♦ 림 Rim: 글라스의 입에 닿는 부분을 의미한다. 브림 Brim 이라고도 한다.

로 하면 갓 마더라고 해요."

"아, 그렇구나. 그런데 이 집의 얼음은 왜 이렇게 큰 거에요? 마실 때마다 코에 자꾸 닿네?"

"바에서 쓰는 얼음은 빙질 때문에 보통 업체에서 받는데요. 얼음이 클수록 녹는 속도가 줄어들죠. 그만큼 위스키나칵테일이 빨리 희석되는 걸 막아줍니다. 잔에 맞춰서 저희가 직접 깎아내요. 셰이킹을 할 때 쓰는 얼음도 마찬가지예요."

"생각보다 얼음의 역할이 대단하네요? 저는 제빙기 얼음이 다라고 생각했어요."

"꽤 몸값이 비싸요, 얼음들이. 매번 다듬어 줘야 하고요."

초콜릿과 위스키

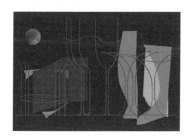

'**간판이 없는 바**'에 안주라고는 딱히 몇 가지가 없었다.

'세 가지 치즈와 올리브'

'사과 콩포트❖, 절인 토마토, 마롱 글라세❖❖ 부르스게타'

'초콜릿 플레이트'

그중 초콜릿 플레이트는 늘 인기가 많았다. 구성은 위스

❖ 콩포트 Compote: 과일을 설탕에 조린 것으로 프랑스 디저트
❖❖ 마롱 글라세 Marron Glace: 단밤을 설탕 시럽으로 조린 후 설탕옷을 입힌 프랑스 디저트

키 봉봉♦과 파베 초콜릿♦♦. 서촌의 작은 공방을 운영하는 쇼콜라티에가 **'간판이 없는 바'**를 위해 따로 만들어준 메뉴였다. 바에서 파는 초콜릿답게 술의 뉘앙스가 충분하게 녹아 있었고 특히나 싱글 몰트를 넣은 봉봉은 매일 먹고 싶은 정도였다.

메뉴에 들어간 초콜릿이 쏙 마음에 들어 쇼콜라떼에가 운영하는 가게에서 초콜릿 테이스팅 코스를 즐긴 적이 있었는데, 코스의 구성이나 센스가 뛰어나다고 느껴 적잖이 놀랐었다.

주문 후 건넨 물에는 미량의 진이 들어가 있었는데, 향긋한 진의 향이 몸에 나눠진 디저트 배의 허기를 건드리는 것 같았다. 후에 나온 봉봉과 파베 초콜릿은 물론, 고급진 럼이 잔뜩 들어간 뜨거운 쇼콜라는 취기 어린 따뜻함을 충분히 전달해 주었다.

바에서 위스키를 즐길 때 함께 할 수 있는 안주는 사실 많

♦ 위스키 봉봉 Whisky Bonbon: 위스키가 들어간 초콜릿. 봉봉은 표면을 초콜릿으로 만든 셸을 의미한다.
♦♦ 파베 초콜릿 Pave Chocolate: 프랑스에서 처음 만들어진 초콜릿. 밀가루를 넣지 않은 생초콜릿.

지 않았다. 애호가들이 찾는 특이한 조합은 아일라 위스키(특히나 라프로익)와 굴, 버번이나 라이 위스키와 양갈비 등심 구이(육향이 짙은). 부드러운 싱글 몰트와 다크 초콜릿 정도.

개인적인 견해야 초콜릿과 물 정도가 위스키를 온전히 즐기기 좋은 안주라고 생각했으나 모두가 그런 마리아주에 매력을 느끼는 법은 아니었다.

"음, 여기 혹시 안주는 뭐뭐 있나요? 식사는 하고 와서 가벼운 게 좋을 듯한데."

이미 위스키를 두 잔째 주문한 남녀. 주문한 위스키와 이 **'간판이 없는 바'**가 꽤 만족스러웠는지, 안주라도 더 주문해 시간을 보낼 모양새였다.

"그럼 초콜릿 플레이트 어떠세요? 두 가지 타입의 초콜릿을 준비해 드리는데 둘 다 들어가는 술의 함량이 높아요. 쇼콜라티에 분이 매번 다르게 준비해 주십니다."

"오늘은 어떤 술이 들어간 초콜릿인가요?"

"음, 하나는 오늘 첫 잔으로 드신 아드벡이 들어간 위스키 봉봉이구요. 다른 하나는 샤르트뢰즈 그린이라는 리큐르가 들어간 파베입니다."

나는 샤르트뢰즈 그린 병을 짚고 슬며시 라벨을 보여주었다.

"샤르트뢰즈라는 수도원에서 처음 만들어진 허브 리큐르에요. 허브가 무려 백 몇 가지 정도 들어가는데, 구체적인 재료나 배합 비율은 아직도 비밀이죠. 그중 그린이라는 이 리큐르는 옐로우에 비해 좀 더 녹두색에 가까운데요. 특유의 비터함과 스파이시함이 매력이에요. 쇼콜라티에 분도 너무 개성이 강한 리큐르여서 망설였다고 하시더군요."

"샤르트뢰즈는 접해본 적이 없어서 잘 모르겠지만, 아드벡 봉봉은 너무 궁금하네요. 초콜릿 플레이트로 할게요."

초콜릿 플레이트를 시켰던 손님들은 보통 만족감을 표하였고 그 증거로 귀가할 때 위스키 봉봉을 포장해서 가곤 했다.

"요새 여기서 초콜릿이 제일 많이 나가네요. 고마워요. 덕분에 내 매출도 늘었어."

다음 주 '**간판이 없는 바**'에서 쓸 초콜릿을 직접 배송 온 쇼콜라티에가 말했다.

"저도 엄청난 팬인걸요. 면세점에서 사 먹던 술 들어간 초콜릿이랑은 차원이 다르니까요."

"석주 씨가 그렇게 말하니 좋네. 아, 그나저나 바에서 초콜릿 가지고 재미난 행사 하나 해 보는 건 어때요? 예를 들면 초콜릿 세미나 같은 걸 하는 건데, 위스키와 칵테일을 페어링하는 거죠, 초콜릿과."

"너무 좋죠. 보통 물에 살짝 진을 넣어주시니, 첫 번째는 진이 들어간 진피즈 같은 가벼운 칵테일로 시작을 해도 좋을 것 같아요. 두 가게의 콜라보 느낌이 확실할 것 같기도 하고."

"좋은 아이디어네요. 의논해 봐요! 메일로 보내줄게요, 사용할 초콜릿들."

뜨거운 칵테일

찬 바람이 몸의 온 구석을 휘몰아칠 때마다 나의 손가락 마디들은 버석거리는 소리를 내며 갈라져 갔다. 물과 술이 닿을 때마다 손에는 계절의 쓰라림이 함께였다.

"건포도 10ea, 로즈메리 줄기 2ea, 진 40mL, 시럽 살짝, 아로마 비터* 1dash……"

"석주 씨, 뭐해요? 레시피 외우나?"

"아, 네. 레시피도 이름도 독특하더라고요? 집시 마티니

---

* 비터 Bitter: 와인이나 증류주 베이스에 약초나 향신료를 넣어 만든 음료. 주로 칵테일 제조에 사용한다.

라는 칵테일인데, 한번 만들어 보고 싶어져서요."

셰이킹이 제법 익숙해진 상태여서 요즘은 사수도 간단한 칵테일의 제조는 나에게 맡기곤 했다.

여느 때처럼 '**간판이 없는 바**'의 문이 열렸고 내딛는 첫 손님의 시선이 이제는 어색하지 않다.

"어서 오세요. 혼자신가요?"

"아, 아뇨. 일행이 오기로 했는데, 한 30분 정도 걸릴 것 같아요."

"그럼 총 두 분이시죠? 이쪽으로 안내할게요."

자리를 안내하는 나의 손끝과 들어온 이의 어색함이 맞닿았다.

깔끔한 감색 정장 차림의 그는 백 바를 여러 번 훑어보았다. 나는 그의 시선을 방해하지 않기 위해 옆으로 잠시 자리를 옮겼다. 미세하지만 당황한 기색이 엿보였으나 이내 흥미롭지 않은 주문을 마쳤고 일행도 곧 자리했다.

강의를 마치고 들른 L씨는 바 상판에 바리바리 지고 온 빵 봉투를 놓으며 살짝 언 두 손을 비비고 있었다.

84

"너무 춥다. 너무 추워서 그냥 집 가려다 들렀어요. 따뜻한 거 마시고 싶어."

"독한 위스키 한잔해도 추위가 확 가시긴 할 텐데요."

백 바로 향하던 그녀의 시선은 금방 돌아와 나를 향했다.

"아냐, 오늘은 칵테일 마실래요. 뜨거운 칵테일은 없나?"

"음…… 약간 차 같은 칵테일도 있는데 괜찮으시려나?"

"오, 좋죠. 좋아. 칵테일 이름이 뭐예요?"

"핫 토디예요. 귀엽죠, 이름."

주문이 핫 토디로 당연하게 결정 난 듯 나는 이미 잔에 타라마 흑당을 넣으며 말하고 있었다. 전기 포트에 물을 가득 담고 파란 전구의 불빛이 꺼질 때쯤 뜨거운 물이 포트의 바닥을 긁는 소리가 바에 퍼졌다.

잔의 한가운데 놓인 흑당 위로 오렌지 비터를 조금 떨궜다. 우린 찻물을 잔에 붓고 흑당을 으깨면 입자들이 잘 섞이려 애를 썼고, 그렇게 서로 몸을 부비고 바르르 떨며 아스러졌다. 그 위로 탈리스커˚10년 30mL를 부은 후 레몬껍질에 정향을 세 개 박아 띄웠다. 갈색빛의 찻물에 노란 배가 둥둥 떠다니며 서로의 향을 뽐내고 있었다.

"자, 여기 핫 토디예요. 꿀과 계피를 많이 사용하는데요. 이 잔은 약간 다른 느낌의 핫 토디예요. 들어간 위스키는 탈리스커 10년."

"아, 너무 좋다. 홍차랑 스모키한 위스키도 너무 잘 어울리고. 정향이 정말 잘 어울리네."

핫 토디는 마시면 취하지 않을 것 같다며, 겨울과 너무 어울리는 칵테일이라며 그녀는 옆에 온 이들에게 슬쩍 권하며 이야기를 나누고 있었다.

"핫 토디는 사실 스코틀랜드 하이랜드에서 감기 기운이 있을 때 뜨거운 물에 위스키와 다양한 향신료, 꿀을 넣고 차처럼 마시는 데서 유래되었어요."

나는 찻물같이 옅은 나의 핫 토디가 좋았다. 찻물에 띄운 노란 배가 이리저리 움직일 때면 지나간 그 흔적에 작은 기름이 뒤섞였다. 이곳이 처음인 사람들과 그렇지 않은 사람들이 한데 섞이는 모습을 보고 있으면 묘하게 뜨거워졌다. 나와 유

◆ 탈리스커 Talisker: 스코틀랜드 북서쪽 스카이섬에 위치한 싱글 몰트 위스키 증류소. 조니 워커 제조에 키 몰트로 사용된다.

사한 청춘들은 늘 약술에 취해 그렇게 두런두런 언저리 속 애기들을 내비쳤다. 언 돌부리에 발이 걸려 넘어진 이야기라던가, 상관의 변덕에 놀아난 이야기. 혹은 별 헤던 지난주에 이별한 이야기.

그들의 이야기는 늘 나의 이야기이기도 했다. 이야기들이 쌓이고 쌓여서 숨소리를 타고 스스럼없이 술 줄기와 물줄기를 타고 내가 쥔 몇 개의 작은 도구들을 통해 전해지고 있었다.

아사쿠사의 별

토요일에서 일요일로 넘어가는 새벽. 평소보다 이른 마감 시간에 나는 살짝 들떠 있었다. 케케묵은 먼지들과 차가운 공기를 뒤로하고 빠르게 호스를 들어 발등에 물기가 튀는 줄도 모르고 청소를 마쳤다.

오전 6시 30분. 도쿄행 비행기를 타려면 서둘러 끼니를 때우고 공항에 도착해야 했다. 새벽 두 시가 넘은 시간, **'간판 이 없는 바'** 근처 24시간 감자탕집에는 감자탕이 목적인 사람은 드물었다.

"이모, 저희 뼈다귀해장국 하나랑 보쌈 정식 하나 주세요. 아, 그리고 소주도 하나 주세요."

"소주 뭐로 드릴까요?"

"그냥 아무거나 주세요."

사장은 식당에서 소주를 시킬 때 늘 아무거나 달라고 얘기했다. 소주를 즐기지 않던 나는 사실 어떤 소주를 먹는지가 크게 중요하지 않았다. 그래도 이왕이면 차가운 소주가 나왔다.

북적이는 소음과 따뜻한 국, 자극적인 반찬과 음식은 소주잔의 모양과 잘 어울렸다.

"으, 써. 이걸 왜 그렇게 좋아하세요?"

"아직 석주 씨가 뭘 몰라서 그래. 소주가 제일이야. 다른 거 다 필요 없어. 아마 나랑 자주 먹다 보면 늘걸?"

내가 한 잔을 겨우 비우면 사장은 서너 잔을 비웠다.

"좀 천천히 드셔요."

"비행기에서 잠깐 잘 텐데요. 시간 없잖아요. 술은 빨리 빨리 먹어야지."

"누구한테 많이 들었던 이야기 같은데."

"그런가. 어쨌든 자, 짠."

부딪히는 소주잔에서 강렬한 무언가 튕겼다. 어릴 적 열

번 던져도 몇 번 나오지 않던, 팽이와 벽이 만들어내던 그 묘한 스파크 같은 것이 찌릿하게 흘러나와 나의 첫 출장에 대한 기대감을 더욱 부풀게 했다.

출장의 목적은 별것 없었다. 부족하지 않은 기물과 한정판 위스키 몇 병을 사 오는 게 표면적인 목적이었다. 우리의 출장에는 동네에서 수제 맥주 가게를 운영하는 부부와 태국 음식점을 운영하는 사장이 동행했다. 구성원이 정해지자마자 주된 목적은 달리 보였다. 술을 마시러 도쿄에 가는구나.

오전 9시 정도 도쿄에 도착해 호텔에 짐을 맡기고, 아사쿠사역 근처의 갓파바시로 향했다. 사장은 기물을 구매하는 집이 따로 정해져 있는 듯 능숙하게 길을 찾았다. 9평 남짓한 가게에는 고급 잔들과 각종 기물이 즐비했다. 스템*이 길고 목이 여리여리해 제법 아름답지만 위태로운 잔들이 대부분이었다.

개당 3,000엔 정도 하는 마티니 잔과 위스키 테이스팅 잔

---

* 스템 Stem: 와인이나 각종 잔의 다리 부분을 말한다.

을 여럿 구매하고, 칵테일을 만들 때 사용하는 셰이커와 바 스푼, 믹싱 글라스*, 지거** 등의 기물들도 구매했다.

"자, 이제 첫 번째 계획은 완료했고, 빠르게 위스키와 리 큐르 몇 병 사고 술 마십시다. 술!"

사장은 저녁에 긴자 바 거리에서 각종 바를 투어 할 생각 에 신이 났고, 빠른 속도로 각종 리큐르 숍을 헤집었다. 도쿄 의 주류숍들에서 취급하는 위스키나 브랜디, 리큐르***의 종 류와 양은 상상보다 훨씬 방대했다.

"와, 이게 여기 있네, 요이치 20년."

요이치는 닛카****에서 생산하는 싱글 몰트 위스키였다. 그중 20년은 싱글 몰트 국제대회에서 처음으로 스카치 위스

---

* 믹싱 글라스 Mixing Glass: 셰이커와 같은 용도로 술을 섞을 때 사용하는 기구다. 주로 마티니나 맨해튼 등의 칵테일을 제조할 때 사용한다.

** 지거 Jigger: 액체를 계량하기 위한 스테인리스 스틸 재질로 만들어진 도 구이다. 보통 칵테일에 들어가는 각종 기주나 액체의 양을 측정하기 위해 사용한다.

*** 리큐르 Liqueur: 증류주나 다른 음용 알코올에 당분, 향미, 감미료 등을 넣어 맛이나 향을 더한 술이다. 주로 칵테일의 제조에 사용한다.

**** 닛카 Nikka: 타케츠루 마사타카가 창업한 일본의 위스키 브랜드. 요이 치와 미야기쿄 증류소에서 위스키를 생산한다.

키를 누르고 1등을 차지한 적이 있었고, 덕분에 가격이 많이 상승한 상태였다.

"구하기도 힘든 것들이 가끔 이런 허름한 매장에 숨어있다니까?"

출장의 목적을 빠르게 완수하고 우리는 긴자로 향했으나 긴자의 많은 바들은 대부분 일요일에 영업하지 않았다.

"숙소 근처로 가서 대충 아무 곳이나 가볼까요? 아사쿠사 근처에도 바가 좀 있겠죠 뭐. 긴자는 내일 다시 와요, 우리."

'디 하트맨' '텐더' '모리' 같은 긴자 유수의 바들을 경험할 생각에 들떠 있던 나는 아사쿠사 근처를 훑는 게 썩 내키지 않았다.

"저기 어때요? 2층 같은데? 플라밍고?"

경사가 꽤 있는 계단은 붉은 카펫으로 덮여 있었고 금색 장식이 군데군데 덧붙어 있었다. 카펫에 작은 얼룩이나 먼지가 전혀 없다는 점이 놀라웠다. 문을 열고 들어간 그곳은 조금 다른 세계 같았다.

가게 전체에 맴도는 붉고 검은 조명에 매킨토시 앰프의

시퍼런 불이 깜빡일 때마다 천장 위의 모래알 같은 것들도 번쩍였다. 일흔은 넘어 보이는 백발의 오너 바텐더가 직접 주문을 받았다.

"맨해튼 오네가이시마스."

바텐더는 갸우뚱했다.

"아, 마ー나ー딴."

방긋 웃으며 움직이는 신속하고 섬세한 동작에 일행 모두는 넋이 나가 있었다. 큐빅이 몇 개 박힌 커다란 믹싱글라스에 처음 보는 라이 위스키를 따라내고 친자노* 스위트 베르무트**를 살짝, 앙고스투라 비터는 툭 넣고는 바 스푼으로 스터를 하기 시작했다. 아주 천천히 부드럽게 술과 얼음을 섞어내는 그의 모습은 내가 본 어떤 바텐더의 메이킹 동작보다 우아했다. 믹싱 글라스에서 마티니 잔으로 옮겨가는 맨해튼은

---

* 친자노 Cinzano: 베르무트를 주로 생산하는 이탈리아의 브랜드.
* 베르무트 Vemouth: 와인에 브랜디와 당분, 각종 약초를 넣어 만든 강화 와인이다. 보통 식전주로 사용하며 드라이, 스위트, 비터 등의 종류가 있다. 칵테일의 부재료로 많이 사용하며 마티니에는 드라이 베르무트, 맨해튼에는 스위트 베르무트를 사용한다.

바 플라밍고 계단의 융처럼 묵직하고, 깨끗하고, 기이했다.

"기므레또 오네이가이시마스."

사장은 눈을 부릅뜨고 김렛을 주문했다. 그는 어느 바에 가도 김렛을 꼭 주문했다. 바텐더는 고든스 진을 손으로 가리키며 괜찮겠냐는 제스처를 취했다.

바텐더는 재빠르게 모든 재료를 섞고 쉐이킹을 시작했다. 과연 저것들이 다 섞일까하는 정도로 아주 짧고 천천히. 잔에는 무수히 많은 라임의 속살이 쏟아져나왔다.

우리 모두는 이미 취해있었다. 사장의 손을 이미 석 잔 이상의 김렛이 스쳐 지나갔다. 같은 고든스 진과 라임즙, 시럽을 넣은 이 플라밍고의 김렛이 왜 이렇게 뛰어난 맛을 낼 수 있는지 의아해하는 사장은 바에 있는 내내 김렛에 대한 이야기만 했다.

취하고 웃고 떠드는 바 플라밍고의 밤에 천장 모래알 조명들이 더 빛을 냈다. 붉은 카펫으로 뒤덮인 플라밍고의 계단은 나의 눈앞에서 일렁거렸고 그의 흰 머리카락들이 쉿소리와 맞추어 경쾌한 춤사위를 벌이고 있었다.

아사쿠사의 별이 잔뜩 떴다.

김렛

도쿄 출장 후 한참 동안 사장은 김렛 칵테일에 매달렸고, 덕분에 나와 사수는 상당히 귀찮아졌다.

쇠와 얼음이 정신없이 부딪히는 사이, 평소보다 덜 취한 단골은 발베니 12년을 홀짝이고 있었다. 오늘은 평소보다 술을 덜 드시고 온 것 같다고 물으니 돌아온 대답은 소주 두 병.

"발베니도 너무 좋은데, 혼자 순댓국에 소주 한잔하는 게 최고예요."

소주 2병을 너끈히 비우고 온 사람. 그의 입에서 뱉어진 다소 모순적인 숨결에 발베니의 향이 섞여져 나왔다.

"어? A씨. 오랜만이네요. 잘 지내셨죠?"

사수는 문을 연 손님에게 인사했다. 처음 보는 손님이었는데, 미묘하게 사수와 닮은 분위기를 풍겼다. 안경을 쓴 얼굴 모양, 옷을 입는 스타일, 그리고 회사원이 멜 법한 가방까지.

"진피즈♦ 한 잔 주세요."

A란 이 사람은 진피즈가 서브된 지 13초 만에 한 잔을 다 비워내고 있었다.

"사이드카 한 잔 부탁드릴게요."

상큼하지만 꼬냑이 들어가 도수가 꽤 높은 사이드카 역시 A의 손에 들어간 지 몇 초 만에 빈 잔이 되어가고 있었다. 대체 이곳에 오는 사람들은 주량이 어느 정도인지가 궁금했다. 단순히 술을 잘 마시는 것을 떠나서, 이온 음료를 꿀꺽꿀꺽 삼키는 정도로 칵테일을 마시는 사람은 처음 본 터였다.

"마지막은 김렛으로 할게요."

"오늘도 너무 빨리 드시는 거 아니에요? 천천히 드셔요.

♦ 진피즈 Gin Fizz: 드라이진과 설탕, 레몬을 이용해 만든 칵테일. 마지막에 넣는 탄산수에서 나오는 소리를 '피즈'라고 표현하면서 칵테일의 이름이 되었다.

김렛은 좀 더 드라이하게 드시죠?"

"아무래도 조금은 드라이한 편이 전 좋아요. 진은 고든으로 부탁드릴게요."

"요새 제가 누구 덕분에 김렛을 일주일 동안 연습했어요."

"무슨 일 있으셨어요? 원래 워낙 잘하시는데."

"일본 출장 다녀온 사장님이 꽂힌 김렛이 있어서요. 제가 보기엔 분위기에 취해서 그러신 거 같은데. 힘드네요."

마티니보다는 좀 더 푸른빛을 띤, 자잘한 얼음 조각들이 둥둥 떠 있는 김렛이 서브 되었다. A는 웬일인지 한 모금 머금고는 어색한 미소를 띠며 이내 눈을 감았다. 칵테일이 매우 만족스럽다는 신호로 보였다.

김렛은 몇 번 먹어보지 못했지만 나도 꽤 좋아하는 칵테일이었다. 허브 향이 감돈다고는 하나 에탄올 향이 더 지배적인 진에 라임즙과 시럽이 살짝 들어간 간단한 칵테일이었다. 들어간 양이나 비율보다는 세이킹의 강도나 속도, 얼음이 깨지는 정도에 따라 그 맛이 천차만별인 재미있는 칵테일이기도 했다.

바텐더는 본인의 재량에 따라 이 김렛이라는 칵테일을 날카롭고 사워한 맛이 튀게 할 수도 있었고, 약간은 둥글고 목 넘김이 편한 뉘앙스로 표현할 수도 있었다. 물론 셰이킹을 본인이 원하는 대로 컨트롤 할 수 있어야 가능한 것들이었다. 셰이킹을 할 때 깨진 얼음들을 플레이크라고 했는데, 칵테일 표면에 균등하게 떠 있는 플레이크는 첫 모금의 순간을 좀 더 황홀하게 만들어 줬다.

"오늘 김렛 너무 맛있어요. 잘 마시고 갑니다."

석 잔을 이렇게 금방 비우고 가는 손님은 처음이었다. 그 다지 말 상대를 원하는 듯 보이지 않아 인사만 한 상태였는데, 금방 가 버리니 편하기도 하면서 미안한 구석이 조금 있었다.

"원래 저렇게 빨리 드시고 가나 봐요? 저분이요."

"네, 오면 늘 첫 잔은 진피즈, 두 번째 잔은 사이드카! 다음은 김렛 아니면 마티니예요. 석주 씨도 잘 기억해 둬요. A 씨는 커피 하는 분이에요. 봐서 알겠지만, 언뜻 봐도 섬세해 보이죠? 딱히 별말씀 안 하시긴 하는데, 난 저런 분들이 더 까다롭더라."

그가 본인만의 술 취향이 뚜렷하다는 것은 어느 누가 봐도 알 수 있었다. 바에 드나드는 사람 중에는 그런 부류들이 많았다. 칵테일의 경우는 레시피의 변화, 바텐더의 컨디션, 재료의 신선도, 실내의 온도까지 까다로운 그들의 혀나 마음을 움직일 수 있는 요소였다.

하지만 나는 A씨가 생각보다 까다로운 손님이 아닐 것이라는 생각이 들었다. 그는 술을 들이켜기 전 본인의 감정 상태를 잘 알았고, 동행한 이와의 관계를 고려해 술을 주문하는 사람이었다. 어떻게 보면 가장 합리적인 손님이 아닐 수 없었다. 앞서 말한 모든 걸 고려해 한 잔을 내주고 가이드해야 하는 것이 바 앞에 선 사람의 책임이었지만 A씨는 스스로 그런 고민을 마친 상태가 아니었을까 했다.

사수는 유난히 오늘 그가 김렛을 마음에 들어 했다며 잠시 들른 사장에게 다시 한번 김렛을 만들어 주었다.

"아, 이게 아닌데……? 대체 뭐가 다른 걸까요?"

사수는 포기한 표정을 지었고, 사장은 일주일 동안 스무 잔 정도의 김렛을 마시고 나서야 길고 길었던 재요청의 여정을 멈췄다.

세 잔의 룰

"나 오랜만에 왔어, 누구야? 신입인가?"

사수가 '어서 오세요'라는 인사를 건네기도 전에 문을 열고 들어온 사람. 그의 민머리, 두둑하게 튀어나온 배와 사수에게 던지는 반말에 나의 판단이 흐려졌다.

"오셨어요. K사장님? 일찍 오셨네요. 너무 오랜만인 거 아니에요?"

"응, 가게에서 일찍 나왔어. 미트볼 싸 왔다. 식기 전에 먹어. 먹던 거 더블로 주고."

사장이라 불리는 그는 나이가 좀 있어 보였다. 50대 중반 같았고 레스토랑을 운영하는 듯 보였다. 은색 포일을 벗기고 나니 8평 남짓한 가게 전체에 짙은 육 향이 퍼졌다. 먹음직스러웠다.

사수는 위스키병을 들고 보통 나가는 양의 두 배를 위스키 테이스팅 글라스에 옮겨 담으며 얘기했다.

"아, K사장님. 못 본 사이에 들어온 친구예요. 젊죠? 아들뻘 되려나?"

"아들뻘은 무슨. 나 아직 젊어, 왜 이래. 이름이 뭐예요?"

"아, 윤석주라고 합니다. 나이는 올해 스물 일곱이고요. 반갑습니다."

K사장은 고개를 끄덕이고 이내 미트볼 쪽으로 손짓하며,

"아, 거참, 미트볼 식는다니까, 얼른 담아서 먹어."

라고 말했고, 동시에 한 잔 양의 위스키를 이미 삼키고 있었다. K사장이 머금고 뱉은 숨에 위스키의 향이 퍼져 나왔다. 말로 표현할 수 없는 향과 그가 가져온 미트볼 향이 섞여 묘한 분위기가 만들어졌다.

"더블로 한 잔 더 줘."

"에이, 세 잔만 판매하는 거 아시면서 또. 안 돼요, 사장님. 오늘 왜 이렇게 급하게 드세요."

"빨리 먹고 자려고. 석주 씨라고 했나요, 혹시 이 위스키 먹어봤어요?"

"아뇨, 위스키는 아직 몇 종류 안 먹어 봤어요."

"그래? 그럼 이렇게 해요. 이 친구 몫으로 나는 한 잔 더해서 더블, 이 친구 한 잔해서 내가 살게."

"아이고 참. 알았어요. 그럼 그렇게 하세요."

K사장은 기분이 금세 좋아진 듯 나를 보며 눈을 찡긋했다. 나는 사수에게 마셔도 되는 거냐고 작게 속삭였고, 그는 괜찮다며 좋은 경험이니 마셔보라고 했다.

롱로우* 레드 11년. 강렬하면서 섬세했다. 여린 훈제 향 같은 것들이 코와 눈을 살짝 찔렀지만 머금고 난 다음은 달랐다. 화려한 향들이 섬세하게 피어올랐고 유자 속 깊이 코를 찔러넣은 듯 달콤했다.

여운을 채 다 느끼기도 전에 K사장은 자리를 뜨려 했다.

* 롱로우 Longrow: 스프링뱅크 증류소의 부속 증류소. 폐쇄되었으나 스프링뱅크에서 복원하여 기존 롱로우 증류소의 뉘앙스를 담아 출시하고 있다.

"탄산수 한 캔만 줘. 목 탄다. 석주 씨, 다음에 또 봐요."

"네. 오늘 위스키 잘 마셨습니다. 조심히 들어가세요."

사장은 사수가 쥐여준 탄산수 캔을 우악스럽게 쥐어 잡고 담배를 문 채 뒤뚱거리며 사라져갔다.

"좀 특이하신 분이네요. 단골인가 봐요."

"단골이죠. 거의 매일? 주에 한 5일은 오세요. 근래 출몰이 드물었지만, 아마 석주 씨도 손님으로 왔을 때 몇 번 봤을 텐데? 아무튼 자주 볼 거예요. 표현이 거칠긴 해도 좋은 분이에요."

"네. 그래 보여요."

하고 대답하며 알고 보면 나쁜 사람은 없지 뭐, 라는 마음으로 사수의 말을 넘겨짚고는 자극된 혀 주위를 몰래 되새김질했다. 막이 오르기 전 풋콩 맛이 남아 있었다. 그가 먹다 남긴 과자 부스러기를 치우며 눌어붙은 잔재에 손가락 힘을 쏟았고, 앞으로 K사장을 대하기가 쉽지 않을 것 같다는 생각이 불현듯 스쳤다.

'간판이 없는 바'에는 간단한 룰 한 가지가 있었다. 한 명의 손님 몫으로 오직 세 잔만 판매한다는 것이었다. 논 알코올을 제외하고는 위스키나 칵테일 모두 합쳐서 세 잔. 이 룰이 마음에 들지 않는다며 앙심을 품고 진상 짓을 하는 손님은 아직 없었다.

"이 **'간판이 없는 바'**는 내가 위스키를 너무 좋아해서 만든 곳이에요. 다들 각자의 주량이 정해져 있어서 누군가에게는 부족할 수도 있지만, 뭐, 나름 좋아요. 격하게 술을 사랑하는 분들이 넉 잔, 다섯 잔 마시면 결국 잔에 10,000원, 20,000원을 훌쩍 넘는 술들이 맛과 향을 잃어요. 그럴 거면 소주 마시는 게 낫죠. 안 그래요?"

사장의 말을 떠올리며 나는 오늘도 세 잔으로 부족한 사람들에게 **'간판이 없는 바'**의 룰을 설명하고 있었다.

첫 번째 잔을 이미 비운 눈앞의 손님은 이제 막 위스키와 칵테일에 호기심을 가지게 된 동년배였다.

"재밌어요. 저 두 번째 잔도 추천받고 싶은데, 좀 베이직한 타입의 싱글 몰트 위스키로!"

"음, 처음에 피티한 타입의 위스키를 드시면 베이직한 타입을 다음으로 추천해 드리지는 않아요. 향이 잡아먹히는 느낌이랄까? 그렇지만 온더락으로 첫 잔을 하셨으니 두 번째 잔은 베이직하면서도 무게가 있는 위스키로 추천해 드릴게요. 이번에는 니트로 드셔보겠어요?"

"네, 좋아요."

"혹시 병 중에 마음에 드는 라벨이나 디자인이 있나 볼래요?"

"음, 저기 왼쪽 구석에 있는 금빛 라벨의 병이요."

"아, 좋은 위스키를 선택했어요. 이 친구는 글렌모렌지라는 위스키예요. 그중에서도 넥타 도르라는 에디션입니다."

나는 눈앞에 금빛 위스키병을 놓았다. 우아한 모양. 머리 위에 태양이 가득한 파라오의 몸 같은 모양새. 마개를 열자 기분 좋은 향긋함이 돌았다. 갓 구워낸 레몬 타르트 같은 향이 코를 매섭게 찔렀다.

"아, 향이 너무 좋아요. 화사하네요? 전 잔과 전혀 다른 느낌이에요. 아, 그런데 병 밑에 적혀있는 'Sauternes Cask'는 뭔가요?"

나는 니트 잔에 위스키를 덜어내며 말했다.

"보통 스코틀랜드 위스키는 새로 제작한 오크통이 아닌

114

셰리 와인이나 포트 와인, 버번 위스키 등을 숙성시켰던 오크를 재사용해서 숙성해요. 여기에 표기된 내용은, 어떤 캐스크에 숙성을 시킨 후 마지막 추가 숙성을 소테른이라는 와인을 담았던 캐스크에서 했다는 것을 의미하죠. 소테른은 프랑스 보르도 근처의 소테른 지역에서 생산하는 세계적으로 유명한 스위트 화이트 와인입니다. 넥타라는 말은 게일어로 신들의 음료이구요. 도르는 황금을 의미해요. 즉 황금의 음료라는 뜻이죠. 개인적으로 글렌모렌지 라인업 중에서 가장 술의 향과 뉘앙스를 잘 표현한 네이밍과 디자인이라고 생각해요."

넥타 도르까지 순식간에 비운 동년배의 만족스러운 웃음이 광대 근처까지 치솟았다.

"음, 두 잔만 하고 가려 했는데. 뭔가 좀 아쉽네요."

"생각보다 드시는 속도가 빠르네요. 좀 천천히 드셔도 될 텐데. 그럼 마지막 잔은 칵테일 어떨까요? 도수가 좀 낮고 마시기 편한 타입으로?"

"좋아요. 어떤 칵테일이 좋을까요?"

"저는 스푸모니라는 칵테일을 추천해 드리고 싶어요. 상큼하고 달달하고 약간의 쌉싸름함까지 가지고 있는 칵테일이죠. 혹시 자몽도 좋아하시나요?"

"네, 너무 좋아하죠."

"다행이네요. 자몽 주스가 들어가거든요."

나는 한 손에는 커다란 자몽을 다른 한 손에는 셰이커를 들며 말했다.

"보통은 셰이킹을 하지 않는 칵테일인데요. 저는 셰이킹 해서 만드는 걸 좋아해요. 아, 들어가는 술은 바로 이 캄파리♦ 라는 리큐르에요. 보통 이탈리아에서 식전주로 캄파리에 탄산수를 부어 마시죠. 자, 이렇게 캄파리를 넣고 생 자몽즙을 넉넉히 넣어요. 레몬은 아주 살짝."

커다란 얼음이 꽉 찬 기다란 하이볼 글라스에 나는 셰이킹한 액체를 빠르게 부어나갔다. 분홍빛 액체들이 가득 찼다.

"자, 그다음 토닉 워터를 부은 후 잘 섞어줘요. 마지막 포인트는 이거예요."

나는 토닉 워터 캔을 든 손을 높게 들어 잔 위로 살짝 떨

♦ 캄파리 Campari: 가스빠레 깜파리가 비터스를 사용해 개발한 술. 캄파리 소다, 아메리카노, 네그로니 등의 유명한 칵테일에 사용되는 주재료 리큐르이다.

어뜨렸다. 높은 곳에서 무력하게 잔 속으로 떨어지는 기포 가득한 토닉 워터가 잔 상층에서 거품으로 변하고 있었다. 맥주 거품보다 훨씬 얇고 거친 거품들이 사납게 올라왔다.

"스푸모니의 어원은 이탈리아어로 스푸마래인데요. 바로 '거품을 일으킨다'는 뜻이에요. 제가 이렇게 하는 이유도 유래에 맞는 칵테일을 위해 약간은 드라마틱한 기법을 사용한 것이기도 해요. 세상에는 수많은 칵테일이 있어요. 오래전에 개발된 클래식 칵테일도 수없이 많고요. 이름이 붙여진 이유와 칵테일이 가지고 있는 뉘앙스들을 잘 살펴보면 더 재밌게 즐길 수 있죠."

"맛있어요. 가볍고 상큼하니. 그런데 마무리하라고 주신 것 치고는 술맛을 더 돋우는 걸요? 네 번째 잔으로 마지막을 할게요."

"아, 죄송해요. 저희 **'간판이 없는 바'**는 한 사람 당 세 잔만 판매를 하고 있습니다. 일종의 룰이에요."

나는 백 번도 넘게 설명했을 룰의 역사를 전하고, 나 역시도 더 주고 싶지만 아쉽다는 표정을 지어 보였다.

"음…… 지금 오후 11시 50분인데요. 10분 후에 다시 오면

리셋이 되는 건가요?"

"당연히 안 되지만 오늘은 제가 한 잔 더 드릴게요. 기분으로다가! 물론 돈은 받지 않습니다."

동년배의 귀여운 질문에 맞는 적절한 포상으로 건네줄 술을 고민했다.

"마시고 싶었던 술 있어요?"

"맡길게요. 공짜니까!"

한 잔을 더 취하고서야 집으로 돌아간 손님의 빈자리에는 네 번째 빈 잔만 덩그러니 놓여있었다. 세 번째 잔과 네 번째 잔 사이의 수많은 입씨름은 늘 고단했고 귀찮았다. 그러나 룰을 빈번하게 어기는 재미는 쏠쏠했다. 또한 네 번째 잔의 유무를 알고 찾아온 이들을 컨트롤 하는 방법도 어느 정도 익혀가고 있었다.

아이리쉬, 아이리쉬

출근 전, '**간판이 없는 바**'에 필요한 더치커피와 원두를 사기 위해 길을 나섰다. 카페는 경복궁 인왕산 근처였고 전에 사장과 동행했을 때, 오래된 지인이라며 작업실의 L씨를 소개한 적이 있었다.

대략 여덟 명 정도가 앉을 수 있는 작은 평수, 천장까지 닿는 식물과 그 옆의 IBM 모니터. 내가 일하는 바에 처음 들어섰을 때와 묘하게 비슷한 느낌을 받았었다. 누군가의 존재 여부가 상관없는 편안한 분위기, 적은 말수의 L씨. 한낮을 즐기기에는 이곳이 매우 적당하리라 판단했다.

행여나 문을 닫고 어디 외출을 하지는 않으셨을까, 조마

한 숨을 붙들고 잠시 멈춰 서서 담배를 태웠다. 목재와 예술 사이에서 발버둥 치는 먼지들이 숨은, 해법수학 간판의 삼층. 탁한 그 계단을 오를 때 음악이 들렸다. 몇 떨기씩 잎이 모자란 화분들은 여전히 구석구석 자리 잡고 있었고, 나는 그제야 마음이 놓였다. L씨의 영업시간은 너무나 유동적이어서, 미리 공지를 보지 못하고 갔다가 헛수고를 하고 돌아오는 경우가 꽤 있었기 때문이었다.

"어? 오셨네. 사장님은요?"

"아, 오늘은 혼자 왔어요. 문이 열려있어서 다행이에요. 약간 걱정했거든요."

"별다른 공지 없으면 보통 이 시간에는 열려있어요. 메뉴 따로 없는 건 아실 테고, 좀 무거운 게 좋아요?"

"음, 적당한 걸로."

"그럼 오늘 이거 괜찮아요. 브라질 토파즈."

점들이 모이면 정말 선이 되는 걸까, 하는 생각이 들었다. L씨가 쥔 법랑에서 떨어지는 점들은 검고 화사한 잔에 꽤나 근사한 향을 풍기는 액체로 응축되었다. 공기와 그들이 닿는 마찰, 손과 잔 바닥의 낙차. 나는 늘 둘이나 셋 이상의 시간

차이를 가지고 있으나 그 순간의 이곳은 늘 하나였다. 쌉싸름한 약초 향은 식전주의 느낌과 유사했고, 나는 밥을 먹지 않은 탓에 배가 고팠으나 참았다.

두어 시간 동안 세 잔의 커피를 마셨다. 브라질 토파즈, 멕시코 알투라, 에티오피아 구지. 무신경한 사이에 모르는 이름의 콩들이 많아졌다. 향은 다들 발칙하리만큼 좋았고 더 발칙한 닉네임들과 사람들 사이에서 나는 얼마나 특별해질 수 있을까, 하는 생각이 잠시 들었다.

"잘 마셨습니다."

"언제든지 와요. 오늘은 더치가 두 병밖에 없는데."

"더치 커피는 그 정도면 돼요. 원두는 200g으로 3개 받아갈게요."

"전보다 많이 가져가네요. 요새 많이 쓰나 봐요?"

"아, 요새 칵테일에도 많이 사용해서요. 추워서 그런지 따뜻한 칵테일이 인기예요."

"또 봐요."

'**간판이 없는 바**'에 도착할 때까지 몸에는 수분이 아닌 훌륭한 향이 가득 배었고, 문턱에 비친 배부른 그림자가 유난히 눈에 띄었다. 가져온 원두로 사수가 커피를 내리자마자 빼어난 향이 손님을 이끌기라도 하듯 바의 문이 열렸다.

"어서 오세요. 이쪽으로 자리하시면 됩니다."

"네. 고마워요. 여기는 스카치 위스키가 대부분이네요?"

백 바를 유심히 보던 손님이 말했다.

"네. 대부분은 스카치 위스키에요. 일본이나 대만 위스키들도 몇 종 있구요."

"음. 저 저걸로 첫 잔 할게요. 부쉬밀◆ 16년."

"아, 아이리쉬 위스키를 좋아하시나 봐요?"

"네. 좋아하죠. 목에서 넘어갈 때 특유의 부드러움이 좋아요. 사실 부쉬밀 10년은 마셔봤는데, 16년은 처음이에요."

"16년은 저도 좋아해요. 숙성은 올로로소 셰리 캐스크와 버번 캐스크에서 진행되었고 마지막을 포트 와인 캐스크에서 추가 숙성했어요. 10년보다 훨씬 크리미함이 느껴지죠. 개

◆ 부쉬밀 Bushmills: 세계에서 가장 오래된 싱글 몰트 위스키 증류소. 400년이 넘는 역사가 있으며 좋은 품질의 여러 아이리쉬 위스키를 생산한다.

인적으로 가장 커피 뉘앙스를 내뿜는 위스키라고 생각해요. 니트로 드릴까요?"

"네, 니트로."

부쉬밀을 살짝 들이킨 그는 큰 숨을 내뱉었다. 코앞에는 토피와 살짝 볶은 커피콩 향이 진동했다.

"아, 좋아요. 부드럽고. 살짝살짝 찌르는 느낌도. 이렇게 좋은 아이리쉬 위스키들은 요새 왜 이리 보기가 어려운 걸까요?"

"아무래도 시장성이 떨어져서겠죠? 아이리쉬 위스키 증류소들은 높은 알코올 도수의 위스키를 대량 생산할 수 있는 연속식 증류기가 아닌 단식 증류기를 고집해요. 또 3번씩 증류하는 이유로 노동력도 더 많이 필요하죠. 제임슨** 같은 증류소가 아니면 찾기도 어려워요. 아쉽죠."

아이리쉬 위스키 자체를 찾는 손님은 드물었다. 개성이 강한 스카치 싱글 몰트, 그중에서도 피트한 캐릭터들이 인기

** 제임슨 Jameson: 존 제임슨이 1700년대에 아일랜드 더블린에서 만든 위스키 브랜드.

여서 아이리쉬 위스키는 찬밥 신세였다.

"아, 그런데 아까 들어올 때 커피를 내리시던데 커피도 판매하나요?"

"음, 커피는 판매하지 않아요. 더치커피에 아이스크림을 넣는 논 알코올 메뉴가 있습니다. 내리는 커피는 칵테일에 사용해요."

"실례가 안 된다면 아이리쉬 커피 부탁해도 될까요?"

"실례는요, 무슨. 준비할게요."

사수는 나에게 메이킹을 지시하며 커피를 내리기 시작했다. 진한 농도의 커피를 위해 사수는 융 위에 평소보다 잘게 갈아낸 원두를 쏟아냈다. 볶은 지 얼마 안 된 에티오피아 구지의 향은 손님이 마시던 부쉬밀의 향과 섞여 고소함을 더했다.

사수가 준비한 커피에 설탕을 살짝 넣고 부쉬밀 16년을 부었다. 생크림은 빠르게 드라이 셰이킹 한 후 머그의 윗자락에 슬며시 올려주었다. 부드러운 거품이 가득한 하얀 띠가 향이 가득한 액체 위에 덩그러니 떠 있었다.

"부쉬밀 16년이 들어간 아이리쉬 커피는 처음인 걸요?

이거 비싸겠어요?"

"특별히 넣었어요. 오늘 이 칵테일 가격은 제임슨을 넣은 것과 동일하게 받죠."

"좋은 커피와 좋은 아이리쉬 위스키라니. 영화 주인공이 된 것 같네요. 시가만 한 대 태울 수 있다면 더할 나위 없겠어요."

비 오는 나카스 강변

2박 3일의 짧은 휴가를 얻자마자 떠올린 곳은 도쿄가 아닌 후쿠오카였다. 공항에서 시내가 무척 가깝다는 점과 지하철을 타지 않아도 대부분 걸어서 시내를 돌아다닐 수 있다는 점이 마음에 들었다. 먹거리와 술에 치중한 여행 계획인 만큼 몇 음식점들은 예약을 해놓은 상태였다.

나카스카와바타 역에 내려 비가 오는 나카스 강변을 따라 걸었다. 거칠게 땅을 튕기는 캐리어의 바퀴 소리와 빗소리는 막 도착한 여행자의 마음을 더욱 들뜨게 했다. 숙소에 들러 짐을 잠시 맡기고, 예약해 놓은 스시야로 향했다. 오호리 공원 근처의 작은 골목 사이에 위치한 고스이안 스시. 차가운

우롱차를 들이키자마자 시작된 뜻밖의 환대는 마지막 호지차 치즈케이크가 나올 때까지 쭉 이어졌다.

부른 배를 두들기며 오호리 공원을 산책했다. 오리와 잉어, 성난 강아지들과 걷는 어른들 그리고 그 손을 잡은 작은 아이들이 넘쳐났다. 생각 없이 공원을 걸으며 구글 맵을 켜 저녁에 갈 바의 동선을 확인했다.

숙소 기준 나카스의 동쪽에는 유흥업소와 바가 많았다. 낮에는 드문드문 연 카페를 제외한 모든 가게가 문을 닫았고, 저녁 즈음이 되어서야 거리는 활기를 되찾았다. 군데군데 있는 촌스러운 꽃가게들은 존재의 이유를 알 수 없었다.

바 쿠라요시의 문을 열고 수줍게 바 끝 쪽에 자리를 잡았다. 메이킹을 하는 사수 바텐더와 견습으로 보이는 바텐더 둘이 보였다. 나는 앉자마자 익숙하게 백 바를 훑었다. 처음 보는 위스키병은 별로 보이지 않았다.

"기므레또."

위스키를 마시고 싶었지만 첫 잔은 늘 칵테일이 나왔다. 바 쿠라요시의 첫 김렛은 너무 독했다. 날카롭다기보다는 뭉

툭하게 독했다. 몇 없는 위스키 병과 실망스러운 첫 잔에 괜히 왔나 싶은 생각이 들었다.

담배를 연신 태우며 첫 잔을 겨우 비워내고 서툰 일어로 혹시 일본 위스키도 있냐고 바텐더에게 물었다. 바텐더는 백바 천장 쪽으로 사다리를 타고 올라가 병을 꺼내왔다. 눈앞에는 처음 보는 병들이 무수히 쌓이고 있었다.

"히든."

바텐더는 웃으며 눈앞의 병들을 바라보고 휘둥그레진 나의 눈도 보았다.

산토리 에센스 에디션과 미야기쿄 싱글 캐스크◆는 잔에 20,000원이었다. 적은 가격은 아니지만 한국에서 접하기 어려운 위스키의 가격치고는 저렴하다고 판단했다.

"미야기쿄."

골라낸 미야기쿄 싱글 캐스크는 리미티드 에디션이었다. 미야기쿄 증류소에서 추첨을 통해 소수만 구입할 수 있는

◆ 싱글 캐스크 Single Cask: 싱글 몰트는 제조할 때 하나의 증류소에서 만든 여러 해의 위스키를 섞어서 출시한다. 그러나 싱글 캐스크는 단일 캐스크에 있는 그해 원액 한 가지 만을 이용하여 출시된다.

병. 바텐더의 셀링에 살아난 리미티드 본능이 꿈틀거렸다.

10년에 어울리지 않는 진한 향. 특유의 짭조름한 건어물 향과 옅은 피트가 코와 머리를 울렸다. 간신히 넣은 한 모금은 온몸을 쫙 펴지게 했다. 55도의 도수치고는 부드러운 목넘김. 하지만 여운은 상당히 길었다. 나에게 잘 맞는, 좋은 위스키를 판단하는 기준은 여운이었다. 목에서 가슴까지 깊게 전해지는 여운을 즐기는 게 위스키를 마시는 이유 중 첫 번째였다.

바텐더 자신이 본인이 가장 좋아한다고 외치던 아드벡 하이볼까지 다섯 잔을 마시고 가게 문을 나섰다. 거리에는 아직 비가 추적거렸고 취기 가득한 다리는 갈 곳을 잃고 있었다. 거대한 빠칭코장에서는 정체가 불분명한 전자음 소리가 가득했고, 작은 가게 붉은 천막 밑에 비를 피하며 줄을 서 있는 사람들은 신이나 보였다.

작은 가게에서 풍기는 진한 돼지고기 육수 냄새에 나는 그들과 줄을 함께 서기로 했다. 3평 남짓한 가게의 메뉴는 딱 두 개. 돈코츠 라멘과 파가 잔뜩 들어간 돈코츠 라멘. 술을 마시고 먹는 진한 대포 라멘의 매력은 뛰어났다. 진한 육수와

중간 정도 삶기의 면, 그릇 가득한 파의 향. 혼자 감탄사를 연발하며 한 그릇을 비웠다. 취기를 따뜻하게 누르자 갈 곳을 찾은 다리가 나를 이끌고 나카스의 밤을 걸었다.

눈을 떠, 호텔에서 아침밥을 대충 때운 뒤 길을 나섰다. 가는 도중 시장에서 마음에 드는 재떨이를 하나 구입하고 기온마치 근처로 향했다. 샤름뒤뱅. 기온마치 근처에 위치한 주류숍이었다. 와인보다 위스키나 브랜디의 종류가 많다며 후쿠오카에 가면 꼭 들러보라는 사수의 당부가 생각났기 때문.

가게는 그리 넓지 않았다. 두 병만 구입하자는 마음가짐으로 가게의 모든 병을 세심하게 훑었다. 국내에서 접할 수 있는 엔트리급 위스키들의 가격은 확실히 저렴했다. 라프로익 10년이나 글렌파클라스*105 같은 위스키의 가격은 대략 삼천 엔에서 사천 엔 사이.

고민하다 구입한 것은 시그나토리 보모어 독립병입

---

* 글렌파클라스 Glenfarclas: 스코틀랜드 스페이사이드에 위치한 싱글 몰트 위스키 증류소. 녹색 초원의 계곡이란 뜻을 가지고 있다. 셰리 캐스크의 뉘앙스를 잘 나타내는 증류소이다.

(Independent Bottler) 위스키. 나름 국내에서 보모어를 접해 본 탓인지 독립 병입에 관심이 많이 쏠렸다. 독립 병입 위스키는 오리지널 병보다 특색이 있는 것들이 대부분이었다. 독립 병입자들은 위스키를 제조하지 않고 여러 증류소에서 원액 캐스크를 구입해 블렌딩을 하거나 고유의 시리즈를 만드는 회사였다.

원액의 수급이 어려운 경우가 많다 보니, 최근에는 독립 병입자들도 증류소를 소유하는 경우가 생겼다. 시그나토리 같은 경우 에드라두어* 증류소를 사들였고, 증류소를 직접 만들고 있는 회사도 생겼다.

부르고뉴에서 생산한 포마스 브랜디**도 한 병 구입 후 든든한 마음으로 매장을 나섰다. 한국으로 돌아가 사온 위스키를 단골들과 같이 마셔보며 떠들어 댈 것을 생각하니 대뜸 신이 났다.

---

* 에드라두어 Edradour: 스코틀랜드 하이랜드에 위치한 싱글 몰트 위스키 증류소. 스코틀랜드에서 가장 작은 증류소이며 두 개의 물 사이라는 뜻.
** 포마스 브랜디 Fomace Brandy: 포도 껍질을 압착 후 남은 찌꺼기인 포마스를 가지고 증류해 만든 브랜디의 일종. Marc 마르 라고도 부른다.

각자의 매력

월차를 낸 휴일. 심심하면 바에 와 술이나 마시라는 사장의 부름에 잠시 들를 요령으로 길을 나섰다. 들어서기도 전에 심상치 않은 기운을 느꼈다. 평소의 차분함이 덜하고 조금은 부산스런 분위기. 하지만 오랜만에 본 단골도 옆자리에 있고 해서, 그럭저럭 손님 입장에서 **'간판이 없는 바'**의 분위기에 적응해 나가고 있었다.

"뭐 마실래요?"

소음이 차차 뭉그러지고 십여 분이 지난 후에야 사장이 물었다.

"저, 벤리악 20년 주세요."

테이스팅 후 2달 만에 입에 머금은 향. 20년에서 내뿜는 벤리악 특유의 오키함과 청포도 향은 12년의 농도와는 비교할 수 없었다. '스페이사이드의 심장'이라는 다소 식상한 슬로건도 참신하게 와닿게 하는 힘이 분명 있었다. 기름지기도 하면서 상쾌하기도 한 요상한 맛과 좋은 여운.

"가만 보면 벤리악 참 좋아해, 석주 씨도. 난 은은한 건 별로더라 확 치는 게 좋아."

"이거 라쿠텐 경매에서 가져온 건데 한잔할래요?"

오랜만에 본 단골이 물었다. 단골인 T씨는 일본에 거주 중인 젊은 사업가였다. 한국과 일본을 자주 오갔고, 올 때마다 **'간판이 없는 바'**에 들려 본인이 들고 온 위스키를 맛보여 주는 분이었다. 좋은 몰트 위스키와 꼬냑, 아르마냑 등을 접하게 해주어 사장도 좋아하는 단골 중 한 명이었다.

"매번 너무 감사한데, 뭐 가지고 오셨어요?"

"그레인 위스키예요. 헤도니즘 리미티드 릴리즈. 다 같이 한 잔씩 하시죠?"

사수는 보랏빛이 도는 병을 들고, 나와 사장 그리고 본인

앞에 한 잔씩을 따라 두었다.

"그레인은 별로야. 매력이 없어. 난초껍질 같네."

사장은 한순간에 헤도니즘을 매장시켰다. 그의 판단과는 달리 마신 후 느낌은 뭐랄까. 단순한 부드러움은 아니었다. 바닐라와 끝에 남는 코코넛 아로마, 그리고 좋아하는 미야기쿄에서 나는 짭짤한 향이 살짝 스쳤다.

그레인 위스키는 주로 밀이나 호밀, 옥수수 등의 곡물을 주재료로 사용한다는 점에서 몰트 위스키와 달랐다. 개성이 크게 없고 부드러운 편이어서 블렌디드 위스키를 만드는데 주로 사용했으나, 뛰어난 그레인 위스키들은 그 자체로 상품화 시켜 출시했다.

"나 이걸로 위스키 사워 한 잔 해줘요."

"그래, 이런 건 칵테일 재료지, 암."

"에이, 사장님. 여태 가져온 위스키 중 제일 무시하시는데요? 이래봬도 현지에서 70유로가 넘어요."

T씨는 사장의 반응에 큰 관심은 없는 듯했다.

"계란 흰자 넣을까요?"

사수는 단골에게 물었다. 위스키 사워는 말 그대로 위스키를 넣은 신맛이 도는 칵테일. 기호에 따라 계란 흰자를 넣을 때도 있었다. 드라이 셰이킹한 흰자는 칵테일에 크리미한 질감을 주어 또 다른 매력을 느낄 수 있게 했다.

"아뇨, 흰자 없이."

사수는 셰이커에 헤도니즘 45mL 가량, 레몬 15mL, 시럽을 살짝 넣고는 셰이킹을 시작했다. 셰이커 안에서 사정없이 굴러가는 얼음의 잔해와 액체가 마티니 잔에 가득 부어져 나왔다.

"한 모금 해 봐요, 석주 씨."

단골은 내가 헤도니즘을 마음에 들어했다는 것을 알아차리고 한 모금을 권했다. 개성이 많지 않은 그레인 위스키는 위스키 사워가 되어서야 그 개성이 빛을 발했다. 짭짤한 향들은 레몬 향과 어우러져 더 피어올랐고, 사수의 뛰어난 메이킹 솜씨 덕분에 맛 또한 일품이었다.

"아, 좋아요. 이런 고급스러운 위스키 사워는 또 처음이네요."

"이번에 들어가면 다다음 달이나 한국에 다시 올 듯한데, 그때는 더 재밌는 걸 가져오죠."

"빈손으로 오셔요."

개성이 강하지 않아도 그 자체로 훌륭한 위스키들은 꽤
나 많았다. 피트를 사용하지 않는 아이리쉬 위스키, 블렌디드
의 주재료인 그레인 위스키, 싱글 몰트 위스키 중에서도 가볍
고 보드라운 것들. 지나친 개인성이나 자극적인 알코올 도수
에 심취해, 자칫 본인에게 가장 잘 맞는 술들을 자연스레 거
르게 되는 건 아쉬운 일이었다.

Speak—easy

무료한 휴일. 가장 바쁜 토요일에 굳이 쓴 월차였지만 딱히 할 일은 없었다. 오후 두 시 기상과 동시에 차가운 물을 마시고 눈을 비비며 다른 손으로 뜨거운 물을 올렸다. 눈이 반쯤 깨어났을 때 나는 분쇄된 원두가 다 떨어졌다는 것을 눈치챘다. 담배가 다 떨어졌을 때와 유사한 불안감이 들기 시작했고, 이내 나는 찬장 구석까지 뒤지고 있었다.

해묵은 커피 드립백 두 개. 단 향은 다 빠져버린 낡은 종이 윗부분을 찢고 뜨거운 물을 부었다. 초가을 베란다에 힘껏 몸을 기대고 커피와 담배를 즐기는 것은 운치 있는 일이라고 늘 생각했다.

여름 초입에 내내 맡던 아카시아 향이 주름진 잎들 사이로 사라지는 것이 아쉬웠으나 선선해진 날들이 술을 마시기 가장 좋은 때임은 분명했다.

한남동 근처의 바를 가 볼 목적으로 길을 나섰다. 저녁부터 간단하게 먹을 생각으로 이곳저곳을 기웃거렸으나 마땅한 곳은 찾을 수 없었다. 그렇게 헤매던 중 가게 규모보다 커다란 창문이 눈에 띄는 곳이 보였다. 유치한 하늘빛 톤의 외관을 지닌 작은 식당. 이름은 제리코.

"안녕하세요. 혼자인데."

문을 열고 인사를 건네자마자 강한 생 보리 향이 코끝을 스쳤다.

"이쪽으로 앉아요."

까무잡잡하고 강단이 있어 보이는 여성. 허투루 음식을 내놓을 것 같지 않았다.

"어제 절인 피클이에요. 올리브랑 꽃사과. 귀엽죠, 이 사과? 맛도 좋아요. 우선 구운 채소부터 준비해 올게요."

절인 꽃사과는 처음 먹어 보았다. 꽃사과는 관상용으로

만 쓰이는 줄 알았는데 베어 먹기도 부끄러운 작은 구체를 씹었을 때는 이미 기분이 좋아지고 있었다. 단맛보다는 시큼한 맛이 강했고 입맛을 돋우는 데 탁월했다.

이내 오븐에 구운 채소가 눈앞에 놓였다. 실내의 열기와 유사한 주황빛 접시에 연근, 가지, 아스파라거스, 샬롯, 감자 등이 먹음직스럽게 구워져 있었다. 갈린 그라나 파다노 치즈의 고소한 향이 풍겼고 군데군데 발사믹 비니거가 뿌려져 있었다. 버섯을 씹을 때마다 쌉싸름하고 고소한 향이 올리브 오일 향과 섞여 그 자체로 빼어난 음식을 느끼는 것 같았다.

"바질 페스토 들어간 파스타에요. 면을 바꾼 지 얼마 안되어서 어떨지 모르겠네? 약간 국수 같기도 할 거예요. 식기 전에 먹어 봐요. 간 안 맞으면 꼭 얘기해 주고."

투박해 보이는 파스타. 면은 국수처럼 가느다란 카펠리니였다. 페스토와 마늘만 들어있는 오일 파스타는 흔한 느낌이었다. 면이 카펠리니라는 것 말고는 특이점은 찾아보기 어려웠다. 그렇지만 한번 면을 입에 문 이후로 나는 잔치국수를 들이키듯 한 접시를 비우고 있었다. 놀라웠다. 촉촉이 익은 면과 조금도 태우지 않은 기름 향, 적당한 간. 완벽한 접시였다.

밖은 어느새 좀 어둑해지고 있었다. 머리칼 가녘에까지 부는 찬 바람도 배부른 마음 덕분에 싫지 않았다. 배 안에서 굶주리고 찡그린 얼굴들은 보리 향과 함께 사라졌고, 열이 피는 손을 쫙 펴고 연신 꽃을 줍는 얼굴 하나만 웃고 있었다.

제리코를 나와 오늘의 목적지인 M바로 향했다. 굳게 닫힌 나무문. 나는 손잡이를 잡고 문을 옆으로 힘껏 밀었으나 열리지 않았다.

1분가량을 문과 씨름하고 있는 사이.

"잠시만요. 몇 번 노크 하면 돼요."

멀찌감치 지켜보던 남성은 커다란 나무문에 노크를 크게 두 번 했다.

'드르륵'

나무문 위 조그마한 쪽문이 열리며 시퍼런 두 눈이 나와 남성을 몇 초간 응시했다. 주문을 외워도 열리지 않을 법한 커다란 나무문이 열렸다.

"안녕하세요. 두 분이신가요?"

"아뇨. 일행이 아닙니다."

남자는 본인의 역할은 여기까지, 라는 듯한 말투와 함께

힘찬 발걸음으로 바에 들어섰다.

문 안의 세상은 놀라웠다. 담배 연기는 자욱했고 매캐한 냄새가 코를 찔렀으나 바의 분위기는 상당히 클래식하고 정돈된 느낌이었다. 나의 또래는 찾을 수 없었고, 냉담한 이들은 테이블에 앉아 위스키를 홀짝이고 있었다.

"처음이신가요?"

"네. 들어오는 데 좀 애를 먹었네요."

"처음에는 다들 그러세요. 암호가 없는 게 다행이죠."

"차라리 암호가 있는 게 편할 것 같아요. 바의 콘셉트인가요?"

"네. 스피크이지라는 바 형태를 차용했어요. 스피크이지는 '목소리를 낮춰라'라는 뜻이죠."

"들어는 봤는데, 실제로 이런 콘셉트의 바는 처음이에요."

"1920년 금주법 시대에 밀주를 판매하는 공간에서 차용된 형태의 바죠. 단속을 피하기 위해 실제로 암호가 있거나, 아는 사람을 통해서만 들어갈 수 있었고요. 지금에 와서는 콘셉트처럼 되었지만요. 블라인드 피그라고도 불러요."

실제로 미국에서는 2000년대 초반에 스피크이지 바가

성행했다. 핫도그 집 쪽문에 입구가 숨어있다던가 건물을 리모델링하는 과정에서 발견된 바 등, 본인만 알고 싶어 하는 비밀스러운 바라는 것은 확연히 위스키라는 농밀한 것과 어울렸다.

"뭘로 하시겠어요?"

"조니 워커 더블 블랙 주세요. 온더락으로."

바텐더는 주문과 동시에 얼음을 카빙했다. 바의 얼음은 직접 얼리는 게 아니었다. 얼음을 돈 주고 산다는 걸 처음 듣고는 놀라지 않을 수 없었다. 사수는 제작하는 얼음은 빙질이 훨씬 좋고 기포가 없어 투명하다고 했다. 아무리 끓인 물로 얼려도 그 정도의 빙질을 가진 얼음은 기계 없이 만들 수 없다고 했다.

픽으로 쳐낸 얼음은 점점 둥글게 모양을 바꾸고 있었다. 슥 하는 소리와 함께 파편들이 튀어 나갔고, 보이지 않았지만 바닥이 흥건해졌을 것 같았다. 다듬어진 얼음들은 잔 속에 자리해야 할 숙명이 있었다. 살짝 붉은 기가 도는 위스키가 닿으면 번쩍거리며 마음껏 스스로를 뽐낸다.

그러나 채 10분이 흐르기도 전에 그들은 술과 우아한 포

옹을 끝으로 생을 마감했다. 수많은 보통의 얼음들보다 더 정교하게, 더 값비싸게 태어난 그들이지만 끝은 별반 다를 것 없다는 생각이 들었다. 얼음이 가진 숙명이 안쓰러웠다. 비밀스러운 가게 안의 비밀스러운 이들은 이러한 얼음의 삶을 눈치채고 있을까.

간판이 존재하지 않는, 나무문을 통해서만 진입할 수 있다는 색다른 매력은 사람들을 자주 오가게 할 수 있는 무기였다. 자주 가지 않더라도, 문을 통과하는 순간 스스로가 이미 단골이 되어버린 듯한 느낌을 받을 듯했다.

간판이 없는 나의 바도 어떻게 보면 스피크이지 바의 형태가 아닐까 했다. 커다란 통창으로는 잘 보이지 않는 백 바와 곳곳의 차가운 기물들. 무거운 철제 의자와 벽에 걸린 몇 점의 포스터들. 그 안에 자리한 몇 명의 사람들을 밖에서 보고 있자면, 1층이고 통창이지만 쉽게 발을 디딜 수 없다는 의견들이 많았다.

쇼콜라 팝업

"일찍 오셨네요?"

"아, 팝업 시작하기 전에 간단하게 동선이나 좀 파악해 두려고."

'**간판이 없는 바**'의 초콜릿을 책임지는 쇼콜라티에와의 작은 협업 행사. 그녀의 가게에서 제공하는 초콜릿 테이스팅 코스를 바에 녹여 재미진 구성을 논의 후 이미 공지를 띄운 상황이었다. 인원이 반나절 만에 차서 그녀와 나는 부담이 가득한 상태로 행사를 준비했다.

"오늘 위스키 봉봉은 넉넉히 가져왔어요. 쉘 크기는 조금 줄이고 탈리스커 양은 몇 mL 늘렸어요."

그녀가 상자에서 꺼낸 위스키 봉봉은 그야말로 탐스러웠다.

여섯 시, 정시였다. 8명의 정원은 바에 일렬로 앉았다. 나와 그녀는 행사 전 간략한 자기소개를 했고 그녀는 준비한 초콜릿 커버처 몇 가지를 서둘러 담고 오늘 서브 될 초콜릿의 원산지와 함량, 간단한 역사까지 깔끔하게 브리핑을 했다.

"오늘 첫 잔은 쁘띠 진 피즈 입니다. 초콜릿 테이스팅 코스를 하기 전, 물에 진을 살짝 타 입맛을 돋우는 것과 유사한 느낌을 주기 위해 구성해 봤어요. 칵테일의 용량도 쁘띠 사이즈니 부담 없이 즐겨도 됩니다."

나는 허브 향이 가득한 보타니스트♦ 진을 네 개의 셰이커에 나누어 붓고 레몬즙과 시럽을 살짝 넣었다. 손바닥만 한 사이즈의 잔을 건네받은 이들은 물을 마시듯 부드럽게 목을 적셨다.

♦ 보타니스트 The Botanist: 싱글 몰트 증류소인 브룩라디가 생산하는 고급 드라이 진. 식물학자를 뜻하며 22가지의 식물 에센스를 이용해 만든다.

"두 번째 잔은 탈리스커 위스키 봉봉을 넣은 롭 로이 칵테일입니다. 롭 로이는 스카치 위스키가 들어가는 달고 독한 칵테일이에요. 아메리칸 위스키가 들어가는 맨해튼이라는 칵테일은 다들 아시죠? 기주만 스카치 위스키로 바뀌면 롭 로이가 됩니다. 원래 가니시는 마라스키노 체리인데요. 오늘은 탈리스커 위스키 봉봉을 가니시로 해 변주를 주었습니다."

롭 로이는 스카치 위스키와, 스위트 베르무트, 앙고스트라 비터가 살짝 들어가는 무겁고 화려한 칵테일이었다. 메뉴 테스트 당시 그녀와 내가 가장 좋아했던 메뉴 구성이 바로 이 '위스키 봉봉이 들어간 롭 로이'였다. 탈리스커로 만든 롭 로이의 첫 모금은 달고 쌉싸름함에 스모키함까지 전해주었다. 입안에서 폭죽이 튀는 느낌의 감칠맛. 위스키 봉봉을 깨트리며 베어 물면 진한 탈리스커 원액이 온 입을 무겁게 감쌌다.

"너무 좋아요. 한 칵테일에서 여러 술을 마시는 느낌이랄까? 주량이 약한 분들은 이거 한 잔만 마셔도 금세 취하겠어요."

행사에 참가한 단골이 말했다.

"자, 세 번째 테이스팅 코스입니다. 수정방을 넣은 생초콜릿이에요. 수정방은 중국 사천성에서 생산되는 명주죠. 백주 특유의 향을 살리는 데 집중했어요. 석주 씨 페어링할 칵테일 설명 좀 부탁해요."

"이번 생 초콜릿과 어울리는 칵테일로 JFK Harris 라는 칵테일을 준비했어요. 수정방의 향과 어울리는 싸워한 럼 베이스 칵테일입니다. 럼과 레몬, 시럽, 민트가 들어가는 심플한 칵테일인데, 칵테일 위에 와인을 플루팅하죠. 오늘 들어가는 와인의 품종은 피노누아입니다. 생초콜릿과는 정말 좋은 마리아주죠."

수정방의 향이 퍼지는 바 안, 그들의 얼굴은 이미 붉게 달아 올라있었다. 적은 양이지만 그들은 이미 진과 싱글 몰트 위스키, 럼, 와인 등의 다양한 주류를 섭취한 상태였고, 몇몇은 취기가 많이 올라 마시는 속도를 늦추고 있었다.

"드디어 마지막이네요. 뜨거운 초콜릿과 버번 위스키입니다."

그녀는 적당히 데운 초콜릿에 미량의 우유를 넣어 저었다. 달콤한 향은 뜨거워진 온도에 더 깊게 반응했다.

"넣을 버번 위스키는 버팔로 트레이스에요. 와일드 터키,

메이커스 마크과 더불어 가장 클래식한 버번 위스키죠. 오리지널 버번 특유의 쌉싸름한 향과 바닐라 향이 매력적이에요. 초콜릿 속에서 톡 쏘는 뉘앙스를 중점으로 느꼈으면 해요."

저녁 9시 즈음이 되어서야 손님들은 하나둘씩 자리를 떴다. 행사를 마친 후 대부분이 앞다투어 그녀의 초콜릿을 포장해서 갔고, 단골 몇은 칵테일에 넣은 피노누아가 너무 좋았다며 와인을 잔으로 주문해 홀짝이고 있었다.

"걱정 많이 했는데, 잘 마무리되어 다행이에요. 그나저나 **'간판이 없는 바'**도 계약 기간 얼마 안 남았죠. 옮기기로 했어요?"

"글쎄요. 아직 정확히는 모르겠어요. 딱히 말이 없으셔서."

"그렇구나. 다음에 또 놀러 와요. 이번에 꼬냑으로 몇 가지 테스트하고 있는데, 석주 씨가 맛 한번 봐주면 좋을 것 같아."

돈가스와 CC쿨러

"오늘 손님도 없는데 사장님한테 말하고 일찍 닫죠?"

'간판이 없는 바'의 마감 시간은 본래 오전 5시였다. 근방의 어느 바보다 마감시간이 늦어 해가 일찍 뜨는 계절이면 검푸른 하늘을 맞이하기 일쑤였다. 새벽 2-3시 즈음에 들르는 손님은 대부분 근처의 자영업자들. 술을 파는 가게를 운영하는 이들이 각자의 가게를 마치고 고달픈 마음에 휩쓸려 한잔을 걸칠 수 있다는 점이 바의 장점이었다.

"오늘은 이상하게 사람이 없긴 하네요."

새벽 1시부터 손님이 뚝 끊긴 바 안팎은 적막했다. 자전거를 타고 근방의 다른 가게들과 길목을 훑었다.

"다른 곳도 사람이 없네요. 공원도 길도 다 휑해요."

"R바 가서 한잔하죠? 내가 전화해서 돈가스 먼저 시켜 놓을게."

사수는 돈가스를 먹을 생각에 벌써 신이나 보였다. 바에서 돈가스라니.

홍대 삼거리 포차에 자리한 R이라는 이름의 바는 홍대 근방에서 꽤 오래된 곳이었다. 단골들뿐만 아니라 동종업계 이들도 친밀하게 들르던 그곳.

"오랜만이네, 둘 다. 오늘 가게 일찍 마쳤어?"

다른 바텐더들은 퇴근한 듯했고, 가게의 사장과 바 끄트머리에 자리한 만취한 손님 한 명만 덩그러니 있었다.

"네, 사람이 오늘 유독 없네요. 어떠셨어요?"

"우리도 오늘 뭐 별로네? 무슨 일 터졌나. 아니, 그런데 돈가스는 왜 자꾸 얘기하는 거야. 너희 가게에서 온 손님들이 자꾸 돈가스 시키잖아."

전에 R바에서 돈가스를 먹고 온 사수는 일주일 내내 R바의 돈가스 얘기만 했다. 이리 훌륭한 돈가스 안주는 처음이라며, 자기 같으면 돈가스집을 냈을 거라고 나에게나 손님들에게나 떠들고 다녔다.

"돈가스 매출 오르면 좋죠. 사람들이 바에서 안주는 잘 안 시키니까요."

"주문 안 해도 좋으니 말야. 귀찮아 죽겠어. 이게 손이 얼마나 많이 가는데."

"그래서 좋아요. 게다가 가격도 만이천 원이라니. 레시피 좀 알려주세요, 사장님."

웃고 떠드는 사이 먹음직한 돈가스 두 덩이가 담긴 커다란 플레이트가 눈앞에 들이닥쳤다. 직접 만든 소스의 감칠맛과 산미가 적당하고 향긋한 피클에 사수의 말은 과장이 아니었다고 생각했다.

"그래서 뭐 마실 거야. 칵테일 시키지 마. 귀찮아."

"저는 오큰토션 한 잔 주시고. 석주 씨는요?"

"죄송하지만 저는 버번 쿨러 부탁드릴게요. 돈가스가 너무 맛있어서 탄산감이 있는 게 좋겠어요."

"그래 뭐, 근데 내가 요새 CC로 만드는 쿨러에 집착하고 있어서, CC로 어때?"

"CC요?"

"캐나디안 클럽."

"아, 편하신 걸로 주세요."

사장은 캐나디안 클럽 12년을 꺼내서 메이킹을 했다.

"얼음 위에 뿌린 가루는 뭐예요?"

"시나몬 가루. 살짝은 좋더라."

캐나디안 클럽은 호밀과 옥수수, 보리로 만든 캐나다산 위스키였다. 미국의 버번보다는 유순한 게 특징이었고 향도 은은해 쉽게 홀쩍이기 좋은 위스키였다.

"사실 미국 금주법 때 반사 이익으로 성장한 게 캐나다 위스키야. 당시에는 칵테일에 사용하는 라이 위스키가 대부분 캐나디안 위스키였지. 생각해 보니 숙성 요건도 좋고 칵테일로 쓰기에는 더욱이 좋더라. 부드럽고."

"크라운 로열도 캐나다 위스키죠?"

"그럼. 짐 머레이가* 저번에 크라운 로열 라이 위스키를 극찬해서 다시 난리야."

돈가스와 캐나디안 클럽으로 만든 쿨러. 투박하지만 주

인장의 숨겨진 노력이 수없이 들어간 결과물이 아닐까 했다. 특별해지려고 애쓰는 모든 것들을 무색하게 만드는 새벽과 술이 오갔다.

"그나저나 너희 곧 가게 닫는다며. 무슨 일 있어?"

"아뇨. 별 건 아니고. 건물 계약 기간 때문에요. 몇 년 사이 이쪽 월세가 심하게 올랐으니, 사장도 어떻게 할지 고민하는 듯 보여요. 그만할 수도 있고요. 사실 정확히 모르겠어요. 무슨 일이 있는 것 같기도 하고. 속내를 잘 모르겠네요."

오큰토션을 삼분의 일가량 비운 사수가 쓸쓸하게 웃으며 대답했다.

♦ 짐 머레이 Jim Murray: 세계적으로 유명한 위스키 평론가. '위스키 바이블'이라는 책을 매해 출간하며 각종 위스키에 평점을 부여한다.

새벽

두꺼운 철문은 평소와는 다른 소음을 내며 열렸다.

"아, 취하네. 물 한 잔만 줘요, 석주 씨."

갑자기 들어온 사장은 더는 헝클어질 것도 없는 머리채를 쥐어 잡고 바 끝에 몸을 아슬하게 걸쳤다.

"무슨 일 있으세요? 술 많이 하신 것 같은데."

몸을 가누는 것도 힘들어 보이던 그는 정확한 정보를 전달하고 싶어 보였다. 취기와 광기가 함께 서린 눈으로 **'간판이 없는 바'**와 나를 훑었다. 그렇지만 어떠한 말도 내뱉지 않고 들어온 문을 향해 다시 저벅이고 있었다.

달이 지나는 동안 사장이 쥔 소주잔들의 모양새는 천천히 일그러지고 있었다. 사장은 하릴없이 분주해 보이기만 했다.

"요새 사장 좀 어때요? 기운이 좀 없어 보이던데."

'간판이 없는 바'에 잠시 들린 M씨가 사장을 바라보며 속삭였다.

"글쎄요. 말은 늘 괜찮다고 하지만 볼 때마다 얼굴은 그렇지가 않아요. 요새는 나와도 늘 술이 취한 상태에요. 그러다 영업이 끝나면 아침 일찍 회의가 있다며 가는 일이 허다해요."

"큰일이네. 무슨 일이 있나? 사장도 힘들겠지만 석주 씨도 옆에서 마음고생이 심하겠어요."

"저야 뭐, 안타깝기만 하죠. 별수 없으니, 무슨 일이건 다 잘되리라 믿고 기다려 줄 수밖에요."

이유를 모르게 **'간판이 없는 바'**의 벽돌들은 어느새 새까맣게 바래지고 있었다. 엷은 햇살로는 더 이상 그들을 감싸안기가 무리였다. 늘 하는 물청소로 이미 짙어진 의자 밑 그림자들을 쫓아내는 것 또한 그러했다. 따라잡고 꼬리를 밟히고 그림자와 씨름하는 시간이 지나면 나는 또 **'간판이 없는 바'**를 떠나 집을 향했다.

"석주 씨, 출근 전에 밥 한 끼 할래요?, 미팅이 지금 끝났는데 너무 허기지네."

"네, 어디로 갈까요."

"서촌에서 봐요. 날도 추운데 국수 먹죠."

사장과 거리를 걷는 날이면 나는 의식적으로 하늘을 쳐다봤다. 구름의 모양새도 평소보다 유심히 살폈다. 나는 국숫집 앞에 떨어져 나간 깨꽃들을 보며, 이번 달의 바람이 유난스럽다고 쟁쟁하게 김 서린 문을 열고 말했다.

"무슨 일이 있으신 거예요? 요새 다들 걱정이 많아요."

"여기 면수가 너무 고소해요. 입맛도 잘 돋아주고."

사장은 못 들은 체하며 따뜻한 메밀국수 두 그릇을 주문했다. 눈앞에 놓인 반가운 물결은 나의 걱정을 잠시 따뜻하게 감싸주었다. 풍덩 들어가 몸을 한껏 적신 면은 겨울물레가 몇 해 자아낸 기름진 실타래 같았다. 나는 그것들을 소리 없이 입가에 엮고 불안감도 함께 엮고 있었다.

사장은 이상하게 말이 없었다. 평소와는 많이 달랐다. 오로지 신경은 메밀국수에 집중되어 있는 듯했고, 다른 것은 더 필요하지 않겠냐는 물음뿐이었다.

"석주 씨, 저랑 소주 한잔 안 한 지 좀 되었네요. 사는 게 바빠서 참. 다음 주 즈음에 한번 어때요?"

한 마디 없던 사장의 갑작스런 제안이 그다지 이상하진 않았다. 늘 하던 말들이거니와 편한 이와 소주 한잔하는 게 절실할 듯했다.

"네, 그래요. 요새 저 소주 잘 마셔요."

"내 덕이네요. 연락할게요. 출근 잘해요"

쓴웃음과 함께 사장은 대답했다. 그와 헤어지고 나는 하늘을 한 번 더 쳐다보았다.

Angel's Share

"오랜만이에요."

'간판이 없는 바'에는 곧 있을 폐업 소식에 단골들이 모여 있었다. 폐업의 정확한 이유는 나와 사수, 드나드는 이들 중 그 누구도 정확히 알지 못했다.

가장 오래된 단골들인 H와 L. 둘은 회계사로 같은 회사의 동기였다. 이곳에서 위스키에 입문해 적어도 일주일에 한 번은 꾸준히 들르던 손님들.

"어디 다녀오셨어요? 캐리어를 끌고 오시고. 아니면 어디 가시는 건가요?"

"아, 둘이 출장 다녀왔는데, 소식도 대충 들었고 공항에서 내리자마자 여기로 왔어요. 자, 이건 선물."

H는 캐리어를 열어 위스키 두 병을 꺼냈다.

"하나는 석주 씨 드시고, 하나는 오늘 같이 마시죠!"

플라스크 모양의 작은 병 하나와 검붉은 액체가 넘실거리는 기다란 병 하나. 둘 다 값비싼 위스키.

"다들 한 잔씩 하시려면 이게 낫겠어요. 카발란."

카발란 솔리스트 올로로소 세리 캐스크. 대만의 이란 현에서 생산되는 위스키였다. 물을 희석하지 않은 캐스크 스트렝스 위스키로 도수는 59도 내외였다. 전형적인 녹진한 세리 캐스크의 뉘앙스를 충분히 느낄 수 있는 위스키.

"와! 카발란 오랜만이네요. 구하기 어렵더라. 비싸기도 하고."

옆에 앉아 눈을 초롱이며 다른 단골이 말했다.

"왜 이렇게 비싼 거예요, 근데?"

"음, '앤젤스 셰어'라는 단어 들어보셨죠? 위스키나 브랜디를 오크통에서 숙성시키면 알코올은 조금씩 증발해요. 오크는 금속과는 달리 기체를 완벽하게 밀폐할 수가 없으니까요. 때문에 나무의 미세한 틈으로 물이나 알코올이 증발하죠.

대략 1년에 2%에서 3% 증발해요. 이걸 천사의 몫이라고 칭하 잖아요. 대만 같은 경우 평균 기온이 높아요. 덕분에 엔젤스 셰어 양이 많아집니다. 그만큼 원액의 손실이 많으니 가격이 높을 수밖에 없다고 해요."

"천사들의 몫이 꽤 값어치를 하네."

"여담이지만 데블스 셰어라는 단어도 있어요. 위스키가 병입된 후, 다루는 사람의 실수나 또 다른 여러 이유들로 얻 는 위스키의 손실을 데블스 셰어라고 하죠."

"데블스 셰어 없이 한 잔씩 줘요, 석주 씨."

좋은 위스키를 좋은 사람들과 함께할 때, 위스키는 가장 빛이 났다. 녹진한 카발란은 순간의 응어리들을 풀어헤칠 만 큼 강력했다. 땡볕에 말라 찐득한 과실들이 옆으로 새어 나온 자두처럼 공기에 붙어 쉽게 떨어지지 않았다.

"<앤젤스 셰어>라는 영화도 있지 않나?"

"맞아요. 잉글랜드 출신의 켄 로치 감독 작품이에요. 스 코틀랜드 위스키가 주제인 영화죠. '갱생'이라는 포괄적인 주 제에 관해 이야기하는데, 주인공이 위스키 감별에 천부적인 재능이 있음을 깨닫고 경매에서 수십억에 호가하는 위스키를 훔치려 하는 과정에서 벌어지는 일들을 다뤘어요."

"나도 봤어, 그 영화. 잔잔하고 좋던데? 벌써 몇 년도 영화야. 그거 보고 처음으로 위스키 마셔보고 싶다고 생각했잖아."

"아니, 그 친구가 위스키 병 떨어뜨려서 깨진 장면 기억나요? 퍼거슨 얘기하면서 말야. 나 정말 그거 보고 아찔했어."

"위스키 좋아하는 사람들은 모두가 그랬을걸요. 한 방울에 얼마야……."

다른 단골도 맞장구를 치며 말했다.

수많은 사투 끝에 증발이 아닌 길을 택한 액체들은 제 역할을 톡톡히 해내기 위해서 또 다른 사투를 준비했다. 말하자면 서로의 몸을 단정히 하고, 용맹하고 잔잔하게 숙성이 된 후 우리의 입으로 들어가는 마지막 관문, 그 어딘가의 통과의례였다.

숙성이 오래된 위스키들의 가격이 높은 이유가 천사의 몫이 그만큼 늘어나서라고 생각하니 그들이 꽤 얄궂었다. 스코틀랜드 사람들의 순박함이 묻어난 표현이라지만 소비자들은 더 이상 순박하지 않았다. 하지만 엔젤스 셰어 현상으로 인해 위스키가 더 부드러워지는 것처럼, 이유 없는 증발 따위는 세상에 존재하지 않았다. 곧 세상에서 증발할 공간과 그 안의 기억들이 누구의 몫으로 남을지는 아무도 알 수 없었다.

위스키, 위스키

"이거 사장 좀 전해 줘요, 석주 씨."

L씨는 레몬 껍질을 도려내는 나의 손을 바라보며 말했다.

"케이크네요. 아, 내일 사장님 생일이라 사 오신 거예요?"

"응, 기운도 없어 보이는데, 초라도 다 같이 하면 어떨까 해서. 그런데 내일도 여기에는 안 나오려나?"

"음…… 좀 전에 통화 했는데요. 내일은 10시 즈음에 들른 다고 했어요. 특별한 일 없으면 오실 듯한데."

"아, 그럼 내가 사람들한테 연락 좀 해 볼게."

L씨는 들뜬 듯 말했고, 나는 미리 사 놓은 감색 머플러를 만지작거렸다.

손님이 다 빠져버린 '**간판이 없는 바**'에서 나는 그에게 전할 편지를 쓰기로 했다. 바 상판에는 종일 다녀간 이들의 술 향과 눌어붙은 레몬과 라임의 향으로 진동하고 있었다. 얇은 엽서에도 향들이 옮겨 갈 것 같았다.

'초겨울을 함께 보낸 기억은 없지만, 어쩐지 머플러를 따로 가지고 계시지 않을 것 같네요. 워낙 그런 걸 귀찮아하시니까요. 거추장스러워도 목 정도는 따뜻하게 하셨으면 좋겠어요. 요새 정원에 시든 꽃들이 하나둘씩 보이기 시작해요. 물을 잘 챙겨주는데도 무슨 이유인지 잘 살아나지 않네요. 아마도 추위 때문이겠죠. 올해가 지나고 그다음의 겨울이 와도 마주 앉아 따뜻한 국수를 먹을 일이 많아졌으면 좋겠어요. 생일 축하드립니다.'

초겨울 특유의 청명한 공기가 코를 찔렀다. 의식적으로 하늘을 쳐다봤고, 구름의 모양새도 평소보다 유심히 살폈다. '**간판이 없는 바**'의 정원을 둘러싼 붉은 벽돌담과 감나무 한 그루에 담쟁이 넝쿨이 반쯤 감겨 있었다.

"마지막 새벽이겠네요."

사수는 다소 냉담한 말투로 말했다.

저녁 아홉 시가 다 되어 갈 때쯤 **'간판이 없는 바'**에는 하나둘씩 모인 단골들로 북적였다. 술이 오갔고 소리들도 오갔다.

"오늘 이곳에 남은 술 다 공짜예요. 마셔요, 마셔."

아쉬움이 가득한 환호성이 이곳저곳에서 울렸다. 남은 술 말고도, 저마다 가져온 위스키며 브랜디며 사케, 소주까지 합쳐져 각양각색의 알코올 냄새들이 떠다니고 있었다.

"이제 여기 없어지면 어느 바를 가야 하나?"

"그러게요. 위스키를 편안하게 제대로 마셔본 곳은 이곳이 처음이었는데······."

모두가 취한 틈. 그 사이 단골들은 저마다 작은 대화를 나누고 있었다.

"에이, 요새는 근처에 바 많이 생겨서 갈 곳 많은 걸요, 뭐."

"여기서 일만 해 봐서 몰라. 손님 입장에서는 얼마나 아쉬운 일인지."

술병이 몇 개 없는 휑한 바에는 그들이 건네준 몇 송이 꽃들이 자리를 대신했으며, 초가 꽂히지 않은 치즈 케이크가 놓여있었다. 바와 정원을 연결해 주는 창문은 열림과 닫힘을 수

없이 반복했다. 칵테일과 빈 잔이 오가는 모습을 보고 있자니 처음 **'간판이 없는 바'**에 방문했던 날이 떠올랐다.

2014년 처음 만난, 차가운 가로줄이 넘실거리는 스테인 리스 장은 이따금, 드물게 자리 잡은 바의 목재 물건들을 집 어삼키고 있었다. 투명한 잔들에게는 불행하게도 살벌한 여백을 뒤에 두고 있었다. 오 센티 정도 되는 조그마한 폭. 잔들은 장을 떠나야지만 비로소 따뜻해지고 빛을 발했다. 차가운 장에서 따뜻한 손들을 향해 옮겨간 수많은 술과 이야기들이 머릿속을 감쌌다.

해가 넘어가고 오전 다섯 시가 넘어서야 **'간판이 없는 바'**는 고요를 되찾았다. 바닥에 눌러 붙은 과자 부스러기와 깨진 잔 파편들, 빈 병들과 빈 잔들.

"그동안 고생했어요."

나의 새벽을 담당하던 것들은 한자리에 있다 증발했다. **'간판이 없는 바'**의 문을 닫고, 떠올라 버린 해 사이로 싸리 같은 비가 내리쳤다. 눈과 손을 스쳐 떨어진 이곳 앞 싸리 빗물 흔적들이 바닥에 괴어 깊어지고 있었다.

에필로그

조금만 몸을 움직여도 풀내음이 코를 스치는 서계동의 여름. 철물점 대성사 옆 간판이 없는 바의 첫 문을 열었다.

잘 말라 윤이 나는 린넨과 수건을 걷고 얼음을 정돈하고, 수없이 잘라온 레몬과 라임의 즙을 새 공병에 옮겼다.

'철컹'

"어서 오세요. 몇 분이신가요?"
"혼자입니다."

"이 쪽으로."

첫 손님의 몸짓이 나의 첫 바에 가득했다.

"메뉴는 따로 없습니다. 칵테일은 원하시는 취향을 알려
주시면 가지고 있는 기주 안에서 최대한 맞춰서 내어드립니
다. 위스키는 백바에."
"조니워커 블랙 니트로 주세요. 더블로."

에어컨의 냉기 틈으로 다녀간 이들의 온기와 취기가 파
고들었다. 빛이 감싸던 투명한 잔들은 그들이 가진 온전한 따
뜻함이 무엇인지 이제서야 아는 듯 했다.

새로이 맞이한 '간판이 없는 바'의 새벽도 여전히 고요했
으나 웃고 떠들고 간 이들이 남긴 잔들은 아직 그들의 이야기
를 담고 있었다.

잔에 따라 다른 칵테일들

대부분의 클래식 칵테일들을 담아내는 잔은 정해져 있다.

물론 바텐더의 재량으로 잔을 교체할 수도 있지만,

고유 칵테일의 역사나, 용도, 온도 등을 감안한 나름의 이유가 있다.

마티니 잔

<쇼콜라 팝업> 챕터에 등장

추천하는 칵테일

롭 로이

런던 사보이 호텔의 허리클라우드 바텐더가 창안한 칵테일이다. 아메리칸 위스키를 기주로 한 맨해튼이라는 칵테일에 기주만 스카치 위스키로 대체하면 롭 로이가 된다.

레시피

스카치 위스키 45mL

스위트 베르무트 15mL

앙고스트라 비터 1dash

마라스키노 체리 1ea

❶ 칠링된 믹싱글라스에 얼음을 넣는다.

❷ 스카치 위스키와 스위트 베르무트, 앙고스트라 비터를 넣고 젓는다.

❸ 칠링된 마티니 잔에 따라내고 레몬 필로 향을 입힌다.

❹ 마라스키노 체리로 가니시 한다.

스카치 위스키의 기주는 대부분 블렌디드 위스키지만, 스모키한 타입의 싱글 몰트 위스키로 트위스트 하는 것도 롭 로이를 색다르게 즐기는 방법이다. 스위트 베르무트는 안티카 포뮬라로, 바에서 요청하거나 직접 사용하는 것을 추천한다. 품질이 좋은 베르무트는 좋은 칵테일을 완성시키는 요소이기도 하다.

온더락 잔

<얼음의 역할> 챕터에 등장

온더락 잔의 용도는 다양하다. 다양한 칵테일들에 쓰이며 위스키 자체를 즐길 때에도 사용하는 잔이다. 보통 온더락 잔에 얼음을 넣고 위스키를 마시는 경우는 위스키를 부드럽게 즐길 경우인데, 향의 개성이 강한 위스키도 얼음을 통해 희석되어 조금 더 부드러운 목 넘김을 느낄 수 있다. 아로마가 금방 날아간다는 단점도 있지만 경우에 따라 위스키를 온더락에 즐기는 것도 위스키를 다양하게 즐기는 한 방법이라 생각한다.

추천하는 칵테일

갓 파더

영화 <대부> 속 말론 브란도가 마신 술에서 유래된 칵테일이다. 러프한 매력이 강한 칵테일이며, 위스키에 관심이 있지만 쉽게

접근하지 못하는 사람들에게 추천한다. 독한 도수를 지닌 칵테일이지만 아마레또의 당도 덕분에 체감하는 도수는 낮을 수 있다.

레시피

스카치 위스키 40mL

아마레또 20mL

❶ 칠링된 온더락 잔에 꽉 끼는 얼음을 넣는다
❷ 스카치 위스키와 아마레또를 넣고 젓는다

기본적인 레시피는 상당히 간단한 편이다. 아마레또는 디카이퍼, 볼스보다는 디사론노 아마레또를 사용하는 것을 추천한다. 대부분 필은 하지 않지만 자몽과 생각보다 잘 어울리므로 자몽 필로 향을 입혀주는 것 또한 추천한다. 기주가 보드카로 바꾸면 갓 마더, 브랜디로 바꾸면 프렌치 커넥션이라는 칵테일이 된다.

대부분 셰이킹을 하지 않고 스터로만 칵테일을 만든다. 좀 더 밝은 뉘앙스로 즐기고 싶다면, 스카치 위스키와 아마레또 그리고 레몬 즙을 살짝 넣어 하드 셰이킹해서 즐기는 방법도 추천한다.

머그잔

<뜨거운 칵테일> 챕터에 등장

추천하는 칵테일

핫 토디

핫 토디는 뜨겁게 즐길 수 있는 몇 안 되는 칵테일 중 하나다. 스코틀랜드에서 전통적으로 추운 날씨에 독한 술과 설탕 혹은 꿀, 향신료를 더해서 마시던 칵테일로, 감기를 예방하는 차원에서도 마셨다고 한다. 근래에는 나이트 캡으로 깔끔하게 즐길 수 있는 레시피도 많이 생겼다.

레시피

스카치 위스키 40mL

타라마 흑당 1ea

오렌지 비터 2dash

뜨거운 홍차, 레몬필과 정향

❶ 뜨거운 물로 홍차를 우려 놓는다.

❷ 잔에 타라마 흑당을 놓고 비터를 그 위에 뿌린다.

❸ 우린 찻물을 부어가면서 설탕을 으깨준다.

❹ 스카치 위스키를 붓고 살짝만 젓는다.

❺ 레몬 필로 향을 입히고 레몬에 정향을 꽂아 띄운다.

추천하는 레시피는 좀더 차에 가까운 가벼운 느낌의 핫 토디다. 당분의 양이 적고 맑은 느낌의 핫 토디를 마시고 싶을 때 추천한 다. 화사한 느낌을 좋아한다면 루피시아의 자몽 녹차로 찻물을 우려 가벼운 블렌디드 위스키와 매칭하면 좋다.

하이볼 잔

<라프로익이 들어간 칵테일> 챕터에 등장

추천하는 칵테일

하이랜드 쿨러

하이랜드 쿨러는 위스키를 베이스로 한 쿨러 스타일의 칵테일이다. 적당한 당도와 상큼함 때문에 음용하기가 쉬워 위스키 입문자에게도 추천하는 칵테일이다.

레시피

스카치 위스키 45mL

레몬 즙 15mL

시럽 10mL

앙고스트라 비터 2dash

진저 에일

❶ 셰이커에 스카치 위스키, 레몬 즙, 시럽, 앙고스트라 비터를 넣는다.

❷ 셰이킹 후 칠링 된 하이볼 잔에 얼음을 넣고 붓는다.

❸ 진저 에일로 풀업 한다.

❹ 레몬 향을 입히고 레몬 필로 가니시 한다.

본문에 등장한 라프로익 쿨러처럼 하이랜드 쿨러의 기주 위스키를 변형해서 색다른 느낌으로 즐길 수 있다. 진저 에일과 위스키의 궁합은 상당히 좋다. 저렴한 진저 에일보다는 생강의 느낌을 고스란히 살린 진저 에일을 사용하는 것이 향이나 풍미 측면에서 좋다. 토마스 헨리 사의 진저 에일을 사용하는 것을 추천한다.

주석 잔

본문에 등장하지 않음

추천하는 칵테일

민트 줄렙

줄렙 칵테일은 미국 남부가 유래다. 무더운 날에 시원하게 술을 즐기기 위해 부서진 얼음을 이용해 마시게 된 것 정도로 이해하면 좋다. 민트 줄렙을 담는 잔은 여러 가지가 있으나 필자는 주석 잔을 사용하는 것을 추천한다. 테이스트 자체가 상큼하고 시원함을 느끼기 위한 것이기 때문에 보냉 효과가 좋은 주석 잔을 사용한다.

레시피

버번 위스키 45mL

각 설탕 1개

앙고스트라 비터 1dash

소다수 살짝

애플 민트 한 움큼

❶ 잔 안에 설탕을 넣고 비터를 뿌린 후 소다수 살짝 부어 으깨준다.

❷ 애플 민트를 한 움큼 넣는다.

❸ 잘게 부순 얼음을 잔 크기에 맞게 넣는다.

❹ 버번 위스키를 붓고 잘 섞어준다.

❺ 기호에 따라 소다수를 더 첨가한다.

개인적으로 이상적인 민트 줄렙은 버번과 민트의 향의 조화라고 생각한다. 상대적으로 향이 스피아 민트보다 순한 애플 민트를 사용하는 것을 추천한다. 민트를 넣을 때 손으로 민트를 움켜잡고 박수를 치듯 민트를 자극 시키는 게 좋다. 그래야 향이 좀 더 풍성하게 올라 온다.

위스키 테이스팅 노트 용어설명

♦ CS(Cask Strength)

위스키 원액에 물을 희석하지 않고 병에 담은 것

♦ SC(Single Cask)

여러 캐스크의 위스키 원액을 섞지 않고, 하나의 캐스크에 숙성
된 위스키를 병에 담은 것

♦ NC(No Colouring)

위스키에 색소를 첨가하지 않은 것

♦ NCF(None Chill Filtering)

냉각 필터 과정을 하지 않은 위스키

♦ ABV(Alcohol by Volume)

위스키 알코올 도수

테이스팅
노트

1. 위스키 이름 : 라프로익 Laphroaig

2. 숙성 년 수 : 10년

3. CS, SC, NC, NCF, ABV : 43% ABV, Colouring

4. Bottling Number, Distilled Date, Cask Number,

Cask Finish : 해당사항 없음

5. Nose 향 : 강한 스모키, 허브향 속의 살짝의 단맛,

해초, 레몬, 망고와 같은 캐릭터

6. Taste 맛 : 피트함과 살짝의 짠맛, 그리고 감도는

약간의 단맛

7. Finish 잔향 : 여운이 길고 날카로운 편에 속한다.

8. Image 연상 : 사막 한가운데서 마시는 짭짤한

레몬주스.

〈간판이 없는 바〉

1. 위스키 이름 : 라가불린Lagavulin

2. 숙성 년 수 : 12년

3.CS, SC, NC, NCF, ABV : 57.9% ABV, CS,

Colouring

4.Bottling Number, Distilled Date, Cask Number,

Cask Finish : Distilled Date 2009년

5. Nose 향 : 스모키, 오렌지, 파인애플, 목초액 캐릭터

6. Taste 맛 : 피트함, 소금물, 열대과실의 단맛.

7. Finish 잔향 : 물을 희석하지 않은 위스키답게

여운이 상당히 긴 편이며, 다른 피트한 위스키보다는

좀 더 섬세하고 우아하다.

8. Image 연상 : 숙성이 잘 된 훈제청어와 그 위에

올린 오렌지 껍질.

1. 위스키 이름 : 스프링뱅크 Springbank

2. 숙성 년 수 : 10년

3. CS, SC, NC, NCF, ABV : 46% ABV, NC, NCF

4. Bottling Number, Distilled Date, Cask Number,

Cask Finish : 해당 사항 없음

5. Nose 향 : 잘 익은 사과, 바나나, 아몬드, 살짝의

시나몬 캐릭터

6. Taste 맛 : 가볍고 청량한 첫 느낌 뒤에 오는 색다른

짠맛.

7. Finish : 여운은 그리 길지 않지만 다른 위스키에서

맛볼 수 없는 짠맛의 여운이 재미있다.

8. Image 연상 : 대낮에 해수욕을 즐기며 마시는

과실차.

〈편수와 어른토션〉

1. 위스키 이름 : 오큰토션 Auchentoshan

2. 숙성 년 수 : 12년

3. CS, SC, NC, NCF, ABV : 40% ABV, Colouring

4. Bottling Number, Distilled Date, Cask Number,

Cask Finish : 해당 사항 없음

5. Nose 향 : 라임, 생강, 헤이즐넛 캐릭터

6. Taste 맛 : 라임이나 작은 오렌지가 가진

시트러스함과 가볍고 부드러운 단맛.

7. Finish : 가볍고 드라이한 여운, 생강과 견과류의

톡 쏘는 느낌이 살짝 든다.

8. Image 연상 : 오전에 즐기는 크림브륄레와 그

주위의 낙엽들.

1. 위스키 이름 : 글렌피딕 Glenfiddich Age of Discovery

2. 숙성 년 수 : 19년

3. CS, SC, NC, NCF, ABV : 40% ABV, Colouring

4. Bottling Number, Distilled Date, Cask Number, Cask Finish : Madira Cask Finish

5. Nose 향 : 무화과, 오렌지 잼, 가죽, 시나몬 캐릭터

6. Taste 맛 : 시나몬과 후추의 스파이시함, 오크 숙성에서 오는 건포도의 단맛.

7. Finish : 목을 감싸는 느낌이 상당히 부드러우며, 과일로 만든 잼 같은 단 향이 은은하게 퍼진다.

8. Image 연상 : 조용한 도서관 안 먼지가 잔뜩 붙은 책 표지.

〈 초콜렛과 위스키 〉

1. 위스키 이름 : 아드벡 Ardbeg

2. 숙성 년 수 : 10년

3. CS, SC, NC, NCF, ABV : 46% ABV, NCF

4. Bottling Number, Distilled Date, Cask Number,

Cask Finish : 해당사항 없음

5. Nose 향 : 스모키, 담배연기, 커피, 육향 캐릭터

6. Taste 맛 : 첫 느낌은 보드랍지만 후에 찾아오는

피트와 스파이시함이 강하게 치고 나온다.

7. Finish : 여운 자체는 그리 길지 않으며 라프로익

10년 보다는 좀 더 둥근 느낌.

8. Image 연상 : 구운 토스트와 녹진한 에스프레소,

길게 태우는 담배.

〈뜨거운 칵테일〉

1. 위스키 이름 : 탈리스커 Talisker

2. 숙성 년 수 : 10년

3. CS, SC, NC, NCF, ABV : 45.8% ABV, Colouring

4. Bottling Number, Distilled Date, Cask Number,

Cask Finish : 해당 사항 없음

5. Nose 향 : 백후추, 스모키, 맥아 캐릭터

6. Taste 맛 : 잘 구워진 보리향이 입에 맴돌며 뒤에

후추의 스파이시함도 더해진다.

7. Finish : 도수에 비해 좀 더 긴 여운이 있으며,

구조감이 탄탄하다. 끝에 오는 살짝의 시트러스함이

매력적이다.

8. Image 연상 : 찻물에 떠다니는 노란 배.

1. 위스키 이름 : 요이치 Yoichi

2. 숙성 년 수 : 20년

3. CS, SC, NC, NCF, ABV : 52% ABV, Colouring

4. Bottling Number, Distilled Date, Cask Number,

Cask Finish : Sherry Cask Finish

5. Nose 향 : 스모키, 담배연기, 피트, 발사믹 비니거

캐릭터

6. Taste 맛 : 특유의 감칠맛(우마미), 말린 과일의

쫀득한 맛이 매력적이다.

7. Finish : 강하게 치고 내려가는 여운은 아니지만

잔잔하고 부드럽게 긴 여운을 가지고 있다. 피트와

다른 캐릭터들의 조화가 상당하다.

8. Image 연상 : 잘 튀겨낸 굴과 삼치 위에 듬뿍

뿌려진 가쓰오부시.

1. 위스키 이름 : 발베니 더블우드 Balvenie

DoubleWood

2. 숙성 년 수 : 12년

3. CS, SC, NC, NCF, ABV : 40% ABV, Colouring

4. Bottling Number, Distilled Date, Cask Number,

Cask Finish : 해당 사항 없음

5. Nose 향 : 라즈베리, 시나몬, 밀크 초콜릿

6. Taste 맛 : 레드 베리 계열이 올라간 스펀지

케이크 같은 맛이 치고 나온 후 뒤에 오는 시나몬의

스파이시함이 매력적이다.

7. Finish : 여운은 짧은 편이나 풍부한 과실

캐릭터들이 입안을 감싼다.

8. Image 연상 : 광택이 있는 나무 바닥과 그 위에

놓인 등유 난로.

〈세 잔의 룸〉

1. 위스키 이름 : 롱로우 레드 Longrow Red

2. 숙성 년 수 : 11년

3. CS, SC, NC, NCF, ABV : 53.1% ABV, NCF

4. Bottling Number, Distilled Date, Cask Number,

Cask Finish : Pinot Noir Cask Finish

5. Nose 향 : 라즈베리 잼, 잘 말린 자두, 살짝의

고무향 캐릭터

6. Taste 맛 : 살짝의 타닌감으로 시작하지만, 이내

딸기나 청사과의 맛이 치고 나온다.

7. Finish : 도수에 비해 여운이 가지런한 편.

8. Image 연상 : 살짝 차게 마시는 잘 익은

샹볼뮤지니.

〈세 잔의 룰〉

1. 위스키 이름 : 글렌모렌지 넥타도르 Glenmorangie

Nectar D'Or

2. 숙성 년 수 : None

3. CS, SC, NC, NCF, ABV : 46% ABV, Colouring

4. Bottling Number, Distilled Date, Cask Number,

Cask Finish : Sauternes Wine Cask Finish

5. Nose 향 : 넛맥, 레몬, 꿀, 생강 캐릭터

6. Taste 맛 : 넛맥과 생강의 스파이시함이 처음에

치고 나오며 후에 구운 견과류나 꿀의 고소함이

뒤따른다.

7. Finish : 부드러운 여운의 지속시간이 긴 편이며,

뛰어난 화려함이 입속에 고스란히 전해지는 게

매력적이다.

8. Image 연상 : 갓 구워낸 레몬 타르트와 생강향을

입힌 머랭.

〈 아이리쉬 아이리쉬 〉

1. 위스키 이름 : 부쉬밀 Bushmills

2. 숙성 년 수 : 16년

3. CS, SC, NC, NCF, ABV : 40% ABV, Colouring

4. Bottling Number, Distilled Date, Cask Number,

Cask Finish : Port Wine Cask Finish

5. Nose 향 : 바닐라, 시나몬, 망고, 밀크 초콜릿, 꿀,

토피, 커피 캐릭터

6. Taste 맛 : 녹인 초콜렛 같은 감촉이 있으며 커피의

쌉싸름함 속에 숨어있는 단맛

7. Finish : 여운은 짧은 편이나 드라이하게 딱

떨어지게 깔끔한 게 매력적이다.

8. Image 연상 : 광부들이 북적이는 작은 바와

밀맥주.

1. 위스키 이름 : 미야기쿄 Miyagikyo

2. 숙성 년 수 : 10년

3. CS, SC, NC, NCF, ABV : 62% ABV, SC

4. Bottling Number, Distilled Date, Cask Number,

Cask Finish : Bottling Number 517, Distilled Date

2002.12.13

5. Nose 향 : 담배연기, 시나몬, 사과, 코코넛

캐릭터

6. Taste 맛 : 요이치에서도 나타나는 감칠맛과

쌉싸름한 보리와 담배의 뉘앙스가 강하다.

7. Finish : 강한 도수에 첫 느낌은 굉장히

강렬하고 찌르는 듯하지만, 특유의 우마미가

부드럽게 마무리한다.

8. Image 연상 : 구운 족발과 진하게 끓인 간장

그리고 말린 김.

〈비 오 는 날 카 스 강편〉

1. 위스키 이름 : 글렌파클라스 Glenfarclas 105

2. 숙성 년 수 : None

3. CS, SC, NC, NCF, ABV : 60% ABV, CS

4. Bottling Number, Distilled Date, Cask Number,

Cask Finish : 해당 사항 없음

5. Nose 향 : 밀크 초콜릿, 말린 자두, 대추 캐릭터

6. Taste 맛 : 세리 캐스크의 영향으로 말린 과실의

뉘앙스가 강하다. 톡 쏘는 대추향이 입가에 오래

남는다.

7. Finish : 가장 힘차고 화려하게 터지는 여운을

가지고 있다. 높은 도수지만 에탄올보다는 진한

세리의 뉘앙스가 훨씬 강하다.

8. Image 연상 : 귀부 병(잿빛 곰팡이 병)에 걸린

포도나무 위 화려한 불꽃놀이.

1. 위스키 이름 : 벤리악 Benriach

2. 숙성 년 수 : 20년

3. CS, SC, NC, NCF, ABV : 43% ABV

4. Bottling Number, Distilled Date, Cask Number,

Cask Finish : 해당 사항 없음

5. Nose 향 : 토양, 넛맥, 정향, 배 캐릭터

6. Taste 맛 : 배나 풋사과의 깔끔한 맛, 중간중간

가미되는 톡 쏘는 정향의 향이 남는다.

7. Finish : 주로 청량한 뉘앙스가 대부분이지만

군데에 오일리한 감촉들이 남는다.

8. Image 연상 : 구름이 없는 맑은 하늘과 차가운

시드르(사과주).

〈Speak—easy〉

1. 위스키 이름 : 조니 워커 더블 블랙 Johnnie Walker

Double Black

2. 숙성 년 수 : None

3. CS, SC, NC, NCF, ABV : 40% ABV, Colouring

4. Bottling Number, Distilled Date, Cask Number,

Cask Finish : 해당 사항 없음

5. Nose 향 : 타르, 담배 연기, 꿀, 나무 캐릭터

6. Taste 맛 : 꽤 복합적인 맛이 주를 이룬다. 달곰한

담배 연기와 바닐라, 피트 등의 뉘앙스가 뒤섞인다.

7. Finish : 도수에 비해 여운이 긴 편이다. 태운

나무에서 오는 스모키함이 길게 남는다.

8. Image 연상 : 매캐한 향이 가득한 실내 그리고

사방이 금이 간 바위.

1. 위스키 이름 : Kavalan Solist Sherry Cask

2. 숙성 년 수 : None

3. CS, SC, NC, NCF, ABV : 58.6% ABV, CS, NC, NCF

4. Bottling Number, Distilled Date, Cask Number, Cask Finish : Bottling Number 503

5. Nose 향 : 말린 대추, 꿀, 토피, 코코아, 석탄 캐릭터

6. Taste 맛 : 셰리 특유의 녹진한 맛이 지배적이다. 중간과 끝에 살짝 섞이는 민트나 토피의 알싸한 맛이 특징을 이룬다.

7. Finish : 화려하게 퍼지는 느낌보다 깊게 찌르는 여운이 강하다. 위스키가 이 정도로 단맛이 강할 수 있는가에 대한 경험이 가능하다.

8. Image 연상 : 땡볕에 말라 찐득한 과육이 흘러나온 자두와 하늘거리는 바람.

위스키 위스키
간판이 없는 바의 새벽

초판 1쇄 발행 2021년 12월 31일
초판 2쇄 발행 2023년 6월 20일

지은이 서홍주
펴낸이 차승현

편집 강민영 지현아
디자인 이민영
표지 그림 아티스트 프루프(Artist Proof, AP)
인쇄 상지사

펴낸곳 프랙티컬 프레스
출판등록 제2019-000053호
주소 서울 용산구 신흥로22가길 8, 1층
전화 070-4007-6690
홈페이지 www.practicalpress.kr
이메일 hi.practicalpress@gmail.com

ISBN 979-11-967707-2-3 03810